ANNE ROGGE

Geschenke

aus der Natur

ANNE ROGGE

Geschenke
aus der Natur

FOTOS VON
ROGGE & JANKOVIC FOTOGRAFEN

KOSMOS

Geschenke
aus der Natur

SO *gelingt's* SICHER

DARAUF KOMMT'S AN! Hier erläutern wir alles, was zum Gelingen des Rezepts wirklich wichtig ist. Wo es sinnvoll ist, mit Bild, sonst auch ohne.

REICH BESCHENKT
mit den Schätzen der Natur

FÜR MICH GIBT ES NICHTS SCHÖNERES, ALS DURCH DIE NATUR ZU STREIFEN UND DABEI KLEINE UND GROSSE SCHÄTZE ZU ENTDECKEN, DIE SICH MIT WENIG MÜHE IN LIEBEVOLLE GESCHENKE VERWANDELN LASSEN.

RUND UMS JAHR

Frühling, Sommer, Herbst und Winter. Die Natur beschenkt uns zu jeder Jahreszeit in Hülle und Fülle. Im Frühling mit frischem Grün, im Sommer mit Blüten, im Herbst mit Samen und Früchten und im Winter mit Hölzern. Was für ein reichhaltiger Kreislauf. In diesem Buch finden Sie zahlreiche Anregungen dazu, wie Sie die Schätze aus der Natur verarbeiten können. Es kann gesucht und gesammelt werden, gekocht, eingemacht, verarbeitet und getrocknet. Es wird geschraubt, dekoriert, gerührt und eingelegt. Die Rezepte in diesem Buch sind aber nicht allein für den Verzehr gedacht, es gibt auch zahlreiche Anleitungen zum Werken und Basteln.

GESCHENKE, DIE VON HERZEN KOMMEN

Alle Ideen sind zum Verschenken geeignet. Wie schön ist es, wenn man eingeladen wird und etwas Selbstgemachtes als Geschenk mitbringen kann. Für die Gartenbesitzerin ein kleines Insektenhotel und für den Feinschmecker ein selbstgemachtes Wildkräutersalz. Im Winter freuen sich alle Badewannenbesitzer über einen Badezusatz mit natürlichem Waldduft und im Frühling wird die Bärlauchsaison mit einer Risottomischung verlängert.

NATUR ERLEBEN – DAS GRÖSSTE GESCHENK

Fast noch schöner als das Verarbeiten der gesammelten Naturschätze ist die Suche selber. Bei der Arbeit an diesem Buch hat sich meine Sicht auf die Natur verändert. Man beobachtet aufmerksamer, sieht plötzlich überall Essbares und wird immer wieder überrascht. Eigentlich war ich „nur“ auf der Suche nach Kornelkirschen und plötzlich entdecke ich mitten in einem rheinländischen Wald einen wilden Pfirsichbaum mit zahlreichen Früchten.

Seien Sie gespannt darauf, was Sie auf Ihren Streifzügen alles entdecken werden.

Ihre
Anne Rogge

FRÜHLING

Zarte Sprosse und Blüten

DIE ERSTEN WÄRMENDEN SONNENSTRAHLEN LOCKEN UNS NACH DRAUSSEN. BLÜHEN SCHON DIE ZARTVIOLETTEN VEILCHEN? WÄCHST BEREITS FRISCHER BÄRLAUCH IM WALD? FINDEN SIE AUF EINEM SPAZIERGANG HERAUS, WELCHE NATURSCHÄTZE JETZT DARAUF WARTEN, IN FRÜHLINGSHAFTE GESCHENKE VERWANDELT ZU WERDEN.

KANDIERTE VEILCHEN
mit feinstem Zucker

SELBST GEMACHTE, KANDIERTE VEILCHEN SIND ETWAS GANZ BESONDERS FEINES UND GANZ EINFACH HERZUSTELLEN.

Zutaten für 30 Blüten

- 30 Duftveilchen
- 1 TL Gummi-Arabicum-Pulver
- 4 TL Wasser
- 250 g feinster Zucker

Besonderes Werkzeug
- kleines Schraubglas oder Dose
- Backpapier
- feiner Malpinsel

Zeitbedarf
- 20 Minuten
- mindestens 3 Tage trocknen

So geht's

1. Duftveilchen pflücken [→a], auf einem großen Teller ausbreiten und etwas warten, damit eventuell in den Blüten lebende, kleine Tierchen die Möglichkeit haben, herauszukrabbeln.
2. Wasser und Gummi-Arabicum-Pulver in einem Marmeladenglas vermischen, den Deckel aufschrauben und kräftig schütteln, bis sich eine dickliche Emulsion gebildet hat.
3. Eine einzelne Veilchenblüte in die Hand nehmen und mit dem Pinsel dünn die Gummi-Arabicum-Lösung auftragen [→b]. Die eingepinselte Blüte auf das Backpapier setzen und mit dem Zucker bestreuen. Nach und nach alle Blüten so verarbeiten.
4. Die Blüten ein paar Tage an der Luft trocknen lassen, bis diese ganz durchgetrocknet sind. In einer luftdicht schließenden Dose oder einem Schraubglas aufbewahren.

ESSBARE BLÜTEN Auch andere essbare Blüten wie Rosen, Löwenzahn, Gänseblümchen oder Hornveilchen kann man auf diese Weise kandieren. Fleischigere Blüten sollte man nach dem Bestreuen mit Zucker zusätzlich im Backofen bei 70 °C für etwa 5 Stunden trocknen.

SO *gelingt's* SICHER

[b] DIE BLÜTEN nicht zu dick mit der Gummi-Arabicum-Lösung einpinseln. Sonst weicht der Zucker anschließend zu schnell durch und tropft herunter. Wenn es aber doch etwas zu viel geworden ist, einfach noch etwas Zucker drüberstreuen.

[b]

DIE ZARTEN BLÜTEN NICHT ZU DICK EINPINSELN

[a]

[a]

SO *gelingt's* SICHER

[a] DIE LÖWENZAHNBLÜTEN leicht ausschütteln, die gelben Blütenblätter von den Blüten zupfen. Die grünen Kelchblätter nicht mit abzupfen, sonst wird das Gelee später bitter.

[b] GELIERPROBE Mit dem Kochlöffel etwas heißes Gelee auf einen kalten Teller geben. Wird das Gelee sofort fest, ist es genau richtig und kann in Gläser abgefüllt werden. Ansonsten weiterkochen oder noch etwas Gelierzucker zugeben.

LÖWENZAHN-GELEE
mit Blütenblättern

DIESES LEUCHTEND GELBE LÖWENZAHN-GELEE BRINGT DIE SONNE AN DEN FRÜHSTÜCKSTISCH, AUCH AN EINEM REGNERISCHEN APRILTAG.

Zutaten für ca. 500 ml

- 30 Löwenzahnblüten
- 500 ml Wasser
- Saft von 1 Zitrone
- ca. 200 g Gelierzucker 2:1
- 5 Löwenzahnblüten extra als Gelee-Einlage

Besonderes Werkzeug
- Marmeladengläser
- Kaffeefilter oder sehr feines Sieb

Zeitbedarf
- 30 Minuten
- 1 Nacht ziehen lassen

So geht's

1. Die Löwenzahnblüten leicht ausschütteln und die gelben Blütenblätter von den Blüten zupfen **[→a]**. Das ergibt ca. 50 g.
2. Das Wasser zusammen mit den gezupften Blütenblättern in einem Topf aufkochen. Etwa 5 Minuten kochen lassen. Den Topf von der Kochstelle nehmen, abgekühlt und zugedeckt im Kühlschrank über Nacht ziehen lassen.
3. Am nächsten Tag die restlichen 5 Blüten vorsichtig auszupfen.
4. Das Blütenwasser aus dem Kühlschrank nehmen und durch den Kaffeefilter oder das feine Sieb abgießen und abmessen. Es müssen etwa 400 ml Flüssigkeit sein. Ergibt die Menge etwas weniger, dann können Sie mit etwas Wasser auf den nächsten 50-ml-Schritt auffüllen.
5. Pro 100 ml Löwenzahnwasser 50 g Gelierzucker abwiegen. Zitronensaft und Zucker zugeben, aufkochen und unter Rühren 4 Minuten sprudelnd kochen lassen. Mit der Gelierprobe testen, ob das Gelee die richtige Konsistenz hat **[→b]**.
6. Löwenzahnblüten in das heiße Gelee rühren und in saubere, frisch sterilisierte Gläser abfüllen. Sofort verschließen und auf den Deckel stellen.
7. Wenn das Gelee abkühlt und zu gelieren beginnt, die Gläser umdrehen, damit sich die Blüten im Gelee gut verteilen. Eventuell wiederholen.

DIE BLÜTEN für die Einlage erst am nächsten Tag sammeln. Wenn sie schon am Vortag gesammelt werden, in warmes Wasser und ans Fenster oder unter eine Lampe stellen. Sonst schließen sich die Blüten.

WALDMEISTER-SIRUP

So schmeckt der Mai

DER WALDMEISTER GEHÖRT ZUM FRÜHLING EINFACH DAZU. DIESER SIRUP VERFEINERT MIT NATÜRLICHEM AROMA GETRÄNKE UND SÜSSSPEISEN.

Zutaten für ca. 600 ml

- 20 Stiele Waldmeister
- 500 g Zucker
- 500 ml Wasser

Besonderes Werkzeug

- Glasflaschen mit Verschluss
- Küchengarn

Zeitbedarf

- 15 Minuten
- 3 Stunden ziehen lassen

So geht's

1. Den frisch gesammelten Waldmeister [→a] etwas anwelken lassen. Je nach Wetterlage dauert das 1 Stunde oder ½ Tag. Im richtigen „Welk-Zustand" riecht der Waldmeister besonders intensiv und schmeckt dann auch so.
2. Wasser und Zucker zusammen aufkochen und etwa 10 Minuten leicht köcheln lassen.
3. Die welken Waldmeister-Stiele zu einem Bündchen zusammenbinden und so in den Sirup hängen, dass nur die Blätter darin schwimmen [→b]. Der Saft aus den Stielenden soll nicht in die Flüssigkeit gelangen. Dazu können Sie das Bündchen am besten am Topfgriff befestigen.
4. Den Sirup zusammen mit dem Waldmeister 3 Stunden ziehen lassen. Blätter entfernen und das aromatisierte Zuckerwasser noch einmal kurz aufkochen. In mit kochendem Wasser ausgespülte Flaschen füllen und sofort verschließen. Kühl und dunkel gelagert hält der Sirup mindestens 6 Monate.

VERWENDUNG Mit dem Sirup kann man Beeren und Früchte marinieren. Mit Mineralwasser gemischt wird daraus eine feine Limo und auch in einem Glas Sekt schmeckt ein Schuss Sirup fantastisch.

SO *gelingt's* SICHER

[a] ACHTUNG! **Auf die Dosierung kommt es an. Waldmeister enthält Cumarin, das für das unverwechselbare Waldmeister-Aroma verantwortlich ist, aber auch schlimme Kopfschmerzen verursachen kann. Also immer nur sehr sparsam und verdünnt anwenden!**

[a]

[b]

WALDMEISTER IMMER ZUERST WELKEN LASSEN

BÄRLAUCH, GIERSCH & WALDMEISTER
Die ersten Frühlingsboten

FRÜHLING, ERSTE SONNENSTRAHLEN UND DER GERADE AUFGETAUTE WALDBODEN WIRD ENDLICH GRÜN. JETZT IST DIE ZEIT FÜR BÄRLAUCH, GIERSCH UND WALDMEISTER!

BÄRLAUCH

Den Bärlauch im Wald sieht man nicht unbedingt auf den ersten Blick, sondern Sie finden ihn mit der Nase. Riecht es im Frühling im Wald verdächtig nach Knoblauch, dann ist dort auch Bärlauch zu finden. Der Geruch wird intensiver, je später es in der Bärlauch-Saison ist. Die Saison beginnt im März und endet Ende Mai, wenn die Blätter gelb werden, die Blüten verblüht sind und die Pflanzen Samen ansetzen.

ACHTUNG: Der Bärlauch kann von unerfahrenen Sammlern mit den giftigen Blättern von Maiglöckchen oder Herbstzeitlosen verwechselt werden. Im Gegensatz zu diesen Pflanzen wächst der Bärlauch in Horsten und die Blätter haben einen deutlichen Stiel. Und nur der Bärlauch riecht und schmeckt nach Knoblauch!

GIERSCH

In jedem Wald ist er zu finden, aber auch in fast jedem Garten: der Giersch. Er gehört zu den Pflanzen, welche mit ihrem frühlingsfrischen Grün den Waldboden schon beim Schein der ersten Sonnenstrahlen bedecken. Ab Ende Februar, Anfang März beginnt er zu wuchern und kann bis zum späten Sommer gesammelt werden. Giersch erkennt man an seinem eingekerbten Stiel sowie an dem wunderbaren Möhrenduft, der beim Abschneiden zu riechen ist. Zum Kochen nur die ganz jungen und zarten Triebe verwenden. Das Grün der frischen Blätter ist dann noch zartgelblich und die Blätter glänzen leicht.

ACHTUNG: Verwechslungsgefahr mit dem gefleckten Schierling!

WALDMEISTER

Ab Mitte April wächst der Waldmeister, ab Mai blühen die kleinen, zarten, weißen Blüten. Feine Nasen entdecken den Waldmeister in der Natur ebenfalls an seinem Geruch. Sobald es beim Waldspaziergang zart nach dem vanillig-grünen Waldmeister-Aroma riecht, ist dieser im Wald zu finden. Vor der Blüte ist der Waldmeister am aromatischsten, er kann aber auch noch blühend verwendet werden. Das Aroma des grünen Krautes wird durch den Inhaltsstoff Cumarin verursacht, der sich abspaltet, wenn die Blätter welken. Wird der Waldmeister zum Aromatisieren von Speisen verwendet, sollte er vorher ein paar Stunden anwelken.

ACHTUNG: Cumarin – und somit alle Speisen, die mit echtem Waldmeister aromatisiert werden – muss mit Vorsicht dosiert werden, da es starke Kopfschmerzen verursachen kann. Deshalb bei der Verwendung in der Küche sparsam einsetzen, nicht zu lange in den Speisen belassen und die Speisen und Getränke nur in kleinen Portionen genießen!

GIERSCH-PESTO *mit Mandeln*

IM FRÜHLING IST DER GIERSCH ÜBERALL ZU FINDEN UND DIE ERSTEN ZARTEN BLÄTTER SCHMECKEN MIT IHREM FEINEN MÖHRENAROMA WUNDERBAR ALS PESTO.

Zutaten für ca. 500 ml

- 120 g junger Giersch
- 80 g gehackte Mandeln
- 100 g Parmesan (am Stück)
- 200 ml Distelöl
- Fleur de Sel
- Pfeffer aus der Mühle

Besonderes Werkzeug

- Pürierstab
- kleine Einmachgläser

Zeitbedarf

- 15 Minuten

So geht's

1. Die Gläser und Deckel mit kochendem Wasser ausspülen und auf einem sauberen Geschirrtuch trocknen lassen.
2. Den Giersch waschen, sehr gut trocken schleudern und leicht zerrupfen. Die Mandeln in einer Pfanne ohne Fett bei mittlerer Hitze anrösten, bis sie zart duften. Sofort aus der Pfanne nehmen und abkühlen lassen. Den Parmesan fein reiben.
3. Den Giersch in ein Püriergefäß geben und mit den Mandeln, der Hälfte des Öls und dem Fleur de Sel mit dem Pürierstab zerkleinern, bis eine homogene Paste entstanden ist.
4. Den geriebenen Parmesan untermischen, mit Pfeffer würzen und bei Bedarf noch etwas Öl zugeben, damit das Pesto schön cremig wird.
5. Das Giersch-Pesto in die heiß ausgespülten, trockenen Gläser füllen und mit dem restlichen Öl begießen, so gelangt keine Luft daran und es hält sich länger [→a].

Die Variante

Pesto mit Knoblauchsrauke
120 g Knoblauchsrauke mit 80 g Pinienkernen, 100 g Parmesan, Fleur de Sel und Pfeffer aus der Mühle mit einem großen Messer grob schneiden und dann mit dem Pürierstab zerkleinern. 100 ml Olivenöl anschließend untermischen, denn Olivenöl kann durch das Pürieren bitter werden. Wie im Rezept beschrieben in saubere Gläser füllen und die Oberfläche mit Olivenöl begießen.

[a]

SO *gelingt's* SICHER

[a] DAS GIERSCH-PESTO hält sich im Kühlschrank etwa 4 Wochen. Bei Gebrauch immer einen frischen Löffel zum Entnehmen benutzen und anschließend wieder mit etwas Öl gut bedecken.

[a]

SO *gelingt's* SICHER

[a] JUNGE FRÜCHTE Verwenden Sie nur die ganz frischen, hellgrünen Ahornflügel. Je länger die Früchte am Baum reifen, desto fester und zäher werden die kleinen Nüsschen sowie die grüne Hülle.

AHORNKAPERN
frisch eingelegt

MIT DEN FRÜCHTEN DES AHORNBAUMES HABEN WIR ALS KINDER GESPIELT. NUN WERDEN SIE VON UNS ALS ANTIPASTI EINGELEGT UND VERSPEIST.

Zutaten für ca. 500 ml

- 500 g hellgrüne Ahornfrüchte
- einige Zweige Estragon
- 500 g heller Balsamico-Essig
- 2 TL Meersalz
- 2 TL Ahornsirup

Besonderes Werkzeug

- Einmachgläser

Zeitbedarf

- 20 Minuten

So geht's

1. Ende Mai, Anfang Juni tragen die Ahornbäume ihre frischen, hellgrünen Früchte [→a].
2. Die Ahornfrüchte werden gesammelt, verlesen und geputzt. Dazu werden die kleinen Stiele mit dem dunklen Stielansatz entfernt und die Flügelpaare in einzelne Flügel getrennt. Die Früchte in ein Sieb geben und unter fließendem Wasser abspülen.
3. Wasser in einem Topf aufkochen und die Ahornfrüchte ca. 5 Minuten kochen, sie verlieren dann ihre hellgrüne Farbe. Nach dem Kochen unter eiskaltem Wasser gut abschrecken.
4. Die Einmachgläser mit kochendem Wasser ausspülen und die Ahornfrüchte gleichmäßig auf die Gläser verteilen. Pro Glas einen Zweig Estragon zugeben.
5. Balsamico-Essig mit Salz und Ahornsirup kurz aufkochen und über die Ahornfrüchte gießen. Die Gläser sofort fest verschließen.

KAPERN kann man auf diese Weise aus den unreifen Beeren oder Knospen verschiedenster Pflanzen herstellen. Gut schmecken sie aus grünen Holunderbeeren, Gänseblümchen- oder Löwenzahnknospen.

FICHTENSIRUP
als Brotaufstrich

DAS FRISCHE WALDAROMA DER HELLGRÜNEN FICHTENSPITZEN WÜRZT DIESEN AROMATISCHEN BROTAUFSTRICH UND VERFEINERT TEE ODER HEISSE MILCH.

Zutaten für ca. 500 ml

- 4 Handvoll Fichtenspitzen (150 – 200 g)
- 1 Liter Wasser
- 1 kg Zucker

Besonderes Werkzeug
- Twist-Off-Gläser

Zeitbedarf
- 1 Stunde
- über Nacht ziehen lassen

So geht's

1. Die hellgrünen Fichtenspitzen können ganz einfach mit den Fingern von den Fichtenzweigen gezupft werden [→a]. Die Spitzen zusammen mit 1 Liter Wasser in einen Topf geben und über Nacht durchziehen lassen.
2. Am nächsten Tag alles zusammen auf dem Herd etwa 15 Minuten sprudelnd aufkochen, abseihen und das Kochwasser auffangen. Mit dem Zucker zusammen in einem weiten Topf sprudelnd aufkochen, bis sich der Zucker aufgelöst hat. Dann unter ständigem Rühren bei niedriger Stufe zu einem dicken Karamellsirup einkochen. Das dauert etwa 30 – 45 Minuten. Der Sirup ist dann schön mittelbraun und etwas heller als Waldhonig.
3. Um die richtige Konsistenz zu prüfen, können Sie eine Art Gelierprobe machen. Mit einem Teelöffel etwas Sirup auf einen kühlen Teller geben und verstreichen. Der Sirup sollte dann eine Konsistenz wie flüssiger Honig haben [→b].
4. Den heißen Sirup durch ein Sieb in sauber ausgespülte, trockene Twist-Off-Gläser füllen, gut verschließen und abkühlen lassen.

WIRKT UND SCHMECKT Der Fichtensirup hat nicht nur ein unvergleichliches Aroma, er wirkt auch schleimlösend bei Husten. Denken Sie also schon im Frühling an die Hausapotheke für den Winter.

[a]

[b]

SO *gelingt's* SICHER

[a] FICHTENSPITZEN Zupfen Sie nur die hellgrünen, noch weichen Triebspitzen ab. Nur in ihnen steckt das typische Fichtenaroma, die älteren Nadeln eignen sich nicht für den Sirup.

[a]

[b]

SO *gelingt's* SICHER

[a] BÄRLAUCHBLÄTTER besitzen parallele Adern und haben lange, hohle Stängel. Nur die jungen Blätter abschneiden, wenn der Bärlauch noch nicht blüht. Achtung: Giftige Verwechslungsarten sind das Maiglöckchen (kein Knoblauchduft) und die Herbstzeitlose (Blätter ohne Stiel).

[b] TROCKNEN Den Bärlauch gleichmäßig auf einen Trockenrahmen legen und an einem schattigen und luftigen Ort trocknen, bis die Blätter knisternd zerkrümelt werden können. Alternativ und schneller kann der Bärlauch auch im Backofen bei 70 Grad – am besten bei Umluft – getrocknet werden. Ab und zu die Backofentür öffnen, damit die Feuchtigkeit entweichen kann.

RISOTTO-MISCHUNG *mit Bärlauch*

DIE KURZE BÄRLAUCHZEIT WIRD MIT DIESER MISCHUNG VERLÄNGERT. EIN TOLLES GESCHENK FÜR ALLE, DIE WENIG ZEIT ZUM KOCHEN HABEN.

Zutaten für 4 Portionen

- 100 g frischen Bärlauch
- 50 g Pastinake
- 400 g Risotto-Reis
- 2 TL gekörnte Bio-Gemüsebrühe
- Pfeffer aus der Mühle
- Kärtchen

Besonderes Werkzeug

- Trockenrahmen oder Backblech

Zeitbedarf

- 3–4 Tage an der Luft oder 1–2 Stunden im Ofen trocknen
- 15 Minuten

So geht's

1. Den Bärlauch [→a] verlesen und trocknen [→b]. Die Pastinake schälen, so fein wie möglich würfeln und ebenfalls trocknen.
2. Den getrockneten Bärlauch mit den Händen zerkleinern und in einer Schüssel mit den trockenen Pastinaken-Würfeln und dem Reis vermengen. Gemüsebrühe und Pfeffer ebenfalls untermischen. Die Bärlauch-Risotto-Mischung in ein passendes Glas oder eine schöne Tüte abfüllen und verschließen.
3. An die fertige Mischung ein kleines Kärtchen mit der Zubereitungs-Anleitung hängen: 2 EL Olivenöl erhitzen und die Risotto-Mischung darin 2–3 Minuten leicht anrösten. Mit 200 ml Weißwein ablöschen und rühren, bis die Flüssigkeit verkocht ist. Dann nach und nach mit bis zu 900 ml heißem Wasser auffüllen und immer wieder rühren, bis der Reis gar, aber noch etwas bissfest ist. Nach Belieben zum Schluss noch einen EL Butter und/oder etwas geriebenen Parmesan unterrühren. Guten Appetit!

GEMÜSEALTERNATIVEN Statt der Pastinake können Sie auch Sellerie oder Petersilienwurzel verwenden.

OSTEREIERFARBEN
aus Blättern und Blüten

ZARTE FARBEN AUS WILDEN BLÄTTERN UND BLÜTEN FÜR DEN OSTERTISCH. EINIGE DER ZUTATEN WURDEN SCHON IM VORJAHR GESAMMELT UND WARTEN GETROCKNET AUF IHREN EINSATZ IM FÄRBEBAD.

Zutaten für je 1 Liter Färbebad

Graublau
100 g getrocknete Heidelbeeren

Gelb
6 EL getrocknete Kamillenblüten

Gelbgrün
100 g Schachtelhalm, geschnitten

Blauschwarz
1 Liter Holundersaft

Grün
200 g Brennnessel, gehackt

Pro Färbebad

2 EL Essigessenz

6 weiße Eier

Besonderes Werkzeug
- Gefäße für Färbebad

Zeitbedarf
- 30 Minuten
- über Nacht färben

So geht's

1. Jeweils eine der angegebenen Zutaten (Ausnahme: Holundersaft) mit 1 Liter Wasser und der Essigessenz aufkochen und 15 Minuten kochen lassen. Anschließend vom Herd nehmen. Der Holundersaft wird ohne Wasser nur mit Essig gemischt und erhitzt.
2. Die Eier an der runden Seite anstechen, damit sie beim Kochen nicht platzen. Wasser aufkochen und die Eier vorsichtig mit einem Löffel hineinlegen. In ca. 12 Minuten hart kochen, aus dem Wasser nehmen und nicht abschrecken.
3. Die frisch gekochten Eier in den heißen Färbesud legen und zusammen abkühlen lassen. Am besten über Nacht im Kühlschrank im Sud lassen, bis die gewünschte Farbintensität erreicht ist.

MUSTER FÄRBEN **Noch schöner werden die Eier, wenn man sie mit Mustern verziert. Dazu kann man sie fest mit Bast umwickeln, den man nach dem Färben wieder entfernt – das gibt wilde Linienmuster. Für ein Pünktchenmuster einfach flüssiges Wachs auf die Schale tropfen. Aufwändiger sind Blättermuster. Dafür jedes Ei in einen Damenfeinstrumpf stecken. Zwischen Strumpf und Eierschale hübsche Blätter legen. Die Blätter erst entfernen, wenn die Farbe ganz getrocknet ist, damit die Konturen nicht verlaufen.**

NATURHOLZ-EIERBECHER *aus Ästen und Rinde*

UNTER DIESEN SCHÖNEN EIERBECHERN AUS NATURMATERIALIEN VERBIRGT SICH EINE PAPPHÜLLE AUS DER KÜCHENROLLE. DA BRINGT DER OSTERHASE DIE EIER GLEICH NOCHMAL SO GERN ...

Zutaten für 8 Eierbecher

- 1 Papprolle (Innenrolle von Küchenkrepp)
- Birkenrinde
- trockene Äste
- schöne Bänder
- dekorativer Draht

Besonderes Werkzeug

- Lineal
- Schere oder Cutter
- evtl. Holzleim

So geht's

1. Papprolle in 3 cm große Stücke einteilen und mit der Schere oder dem Cutter auseinander schneiden.
2. Getrocknete Rinde um die Papprolle legen und mit Draht oder Band dekorativ umwickeln, sodass die Rinde gut an der Papphülle anliegt. Der Draht oder das Band kann auch mehrfach um die Rinde gewickelt werden.
3. Die Äste klein schneiden, etwas länger als die Höhe der Papprollen. Die Äste sollten etwas ungleichmäßig geschnitten werden, nicht zu genau abmessen.
4. Mit dem Draht Ast an Ast zu einer zusammenhängenden Matte aneinanderwickeln. Dazu erst den Draht ein- bis zweimal um die Mitte eines Astes wickeln, einen weiteren Ast längs an den ersten Ast anlegen und den Draht einmal um den zweiten Ast wickeln. Einen weiteren Ast anlegen und wieder wie beim zweiten Ast den Draht einmal umwickeln und immer so weiter, bis die Astmatte die Papphülle einmal umschließt. Dann den letzten Ast an den ersten Ast wickeln.
5. Die Astmatte um die vorbereitete Papprolle legen und mit Band oder Draht fixieren. Wenn die Astmatte nicht gut an dem Pappkern hält, kann sie mit etwas Holzleim daran angeklebt werden. Der Holzleim trocknet durchsichtig auf.

DEKORIEREN **Die Eierbecher können mit weiteren Naturmaterialien verziert werden: Kleine Blüten, Federn, Gräser – erlaubt ist, was gefällt. Die Fundstücke einfach zwischen die einzelnen Äste klemmen oder mit etwas Holzleim ankleben.**

OSTERNESTER

aus geflochtenen Waldreben

WER HÄTTE GEDACHT, DASS DIE WALDREBE EINE HEIMISCHE LIANE IST. SIE WÄCHST IM WALD UND AUCH AUF VERWILDERTEN GRUNDSTÜCKEN.

Zutaten für 1 Nest

- 1 Bündel getrocknete Waldreben
- Draht nach Bedarf
- getrocknete Samenstände der Waldrebe

Besonderes Werkzeug

- Gartenschere

Zeitbedarf

- 20 Minuten

So geht's

1. Noch vor dem Blattaustrieb werden Ende Februar, Anfang März die Waldreben geschnitten.
2. Zuerst wird aus einer etwas dickeren Rebe ein Reifen gedreht. Die Enden werden ineinander verschlungen, damit sie zusammenhaken. Falls es nicht hält, können die Enden auch mit Draht verbunden werden.
3. 2 Äste, am besten mit und an den Verzweigungen gekreuzt, übereinander und in die Kranzmitte legen.
4. Die 4 Enden am oberen Kranz durch weitere Äste befestigen. Versuchen Sie es ohne Draht, indem Sie die Äste durch Biegen und Hin-und-her-Flechten fixieren. Die Schlingen der Reben bleiben so in dem Geflecht stecken und dadurch wird alles fester [→a].
5. Zuletzt wird das Nest mit den getrockneten Samenständen der Waldrebe weich ausgepolstert [→b].

GETROCKNETE SAMENSTÄNDE der Waldreben hängen den ganzen Winter über an den kahlen Schlingpflanzen. Sie werden oft fälschlicherweise als getrocknete Blüten bezeichnet. Sie bleiben meist den Winter über an den Pflanzen und werden erst im Frühjahr bei starken Winden verbreitet. Auch Vögel nutzen die Früchte für den Nestbau.

SO *gelingt's* SICHER

[a] VERFLECHTEN Lassen Sie sich von den Reben und ihrer Wuchsrichtung leiten. Wo passen die Formen am ehesten ins Nest? Wenn man gegen das Material arbeitet, brechen die Äste.

[a]

[b]

SO *gelingt's* SICHER

[b] WIRD DAS PAPIER draußen geschöpft, auf den Wind achten. Sobald das Papier etwas angetrocknet ist, können die leichten Blätter schnell davonfliegen.

BLÜTENPAPIER
mit Frühlingsblüten

DAS ALTE HANDWERK DES PAPIERSCHÖPFENS MACHT NICHT NUR KINDERN SPASS. FRÜHLINGSBLÜTEN VERSCHÖNERN DIE ZARTEN KUNSTWERKE.

Zutaten

Zellulose-Papier (Papier-Rohmasse)
Wasser
getrocknete, gepresste oder frische Blüten

Besonderes Werkzeug
- Eimer zum Anrühren der Pulpe
- Pürierstab
- große Wanne
- Kochlöffel
- Schöpfrahmen
- Tücher

Zeitbedarf
- 30 Minuten Pulpe vorbereiten
- 1 – 2 Tage stehen lassen
- 2 Stunden schöpfen

So geht's

1. 1 – 2 Tage vor dem Papierschöpfen wird die Pulpe angesetzt. Dazu wird etwas von der Papier-Rohmasse so klein wie nur möglich zerrissen und mit 2 – 3 Litern kochendem Wasser in einem Eimer eingeweicht.
2. Die Pulpe muss nach der Einweichzeit eine einheitliche Masse ohne erkennbare Stücke bilden. Falls nötig kann die Masse noch mit einem Pürierstab oder Mixer feiner zerkleinert werden. Nun wird die Pulpe in einer großen Wanne mit Wasser gemischt. Die Mischung kann sehr dünn sein. Der Anteil der Zellulose im Wasser soll bei etwa 5 – 10 % liegen. Die Tücher auf einer glatten Unterlage auslegen.
3. Die Papier-Wasser-Mischung in der Wanne mit dem Kochlöffel gut aufrühren und die Blütenblätter (entweder getrocknet, gepresst oder auch frisch) mit dazugeben. Den Schöpfrahmen schräg in die Wanne tauchen und dann ganz gerade und langsam von unten nach oben herausheben **[→a]**. Den Formrahmen abnehmen und das geschöpfte Papier vom Sieb auf die Tücher stürzen. Kurz warten und dann das Sieb vorsichtig anheben. An der frischen Luft trocknet das Papier dann schnell. **[→b]**

SCHNELLER TROCKEN **Das Papier ist schneller trocken, wenn man es nach dem Stürzen mit einem Küchentuch bedeckt und dann mit einem Wellholz darüberrollt. So wird überschüssiges Wasser ausgepresst. Wer das Papier schön glatt möchte, kann es nach dem Trocknen mit niedriger Temperatur bügeln.**

VOGELHAUS

freut Mensch und Tier

ES GIBT NICHT MEHR AUSREICHEND NISTPLÄTZE FÜR VÖGEL, DESHALB IST DIESES GESCHENK NICHT NUR EINES FÜR GARTENBESITZER, SONDERN AUCH EINES AN DIE NATUR UND IHRE GEFIEDERTEN BEWOHNER.

Zutaten für 1 Haus

18 mm dickes Holz (Kiefer, Fichte, Tanne) Maße siehe Bild [→a]
23 rostfreie Schrauben
Baumrinde
Haken

Besonderes Werkzeug
- Holzsäge
- Bohrmaschine
- 1 Holzbohrer, 8 mm
- 1 Topfbohrer [→b]
- Schraubenzieher
- Zollstock

Zeitbedarf
- 1 Stunde

So geht's

1. Die Einzelteile mit den angegebenen Maßen im Baumarkt zuschneiden lassen. Die abgeschrägten Seitenwände werden dann zu Hause angezeichnet und mit der Holzsäge abgesägt [→a].
2. In den Boden mit dem Holzbohrer 2 Löcher bohren, damit später Feuchtigkeit aus dem Kasten abfließen kann. Auf ca. 5 cm Höhe in die Vorderwand mit dem Topfbohrer das Einflugloch [→b] bohren. Die Innenseite mit einer Feile anrauen, dann können die Vögel besser aus dem Kasten herauskommen.
3. Zuerst die Bodenplatte an die Rückwand schrauben. Dann die Seitenteile an Rückwand und Bodenplatte befestigen und die Vorderwand einfügen. Die Vorderwand kann unten entweder mit einer Schraube befestigt werden oder mit 2 seitlichen Haken. Zuletzt wird das Dach aufgesetzt und festgeschraubt.
4. Die Baumrinde falls nötig mit der Säge in die richtige Größe bringen und auf dem Dach festschrauben. An der Rückseite des Vogelhauses einen ausreichend großen Haken für die Aufhängung anbringen.

SÄUBERN **Das Vogelhaus sollte immer im Herbst gesäubert bzw. mit einem Handfeger ausgefegt werden. Bitte keine Insektizide oder Reinigungsmittel zum Säubern verwenden!**

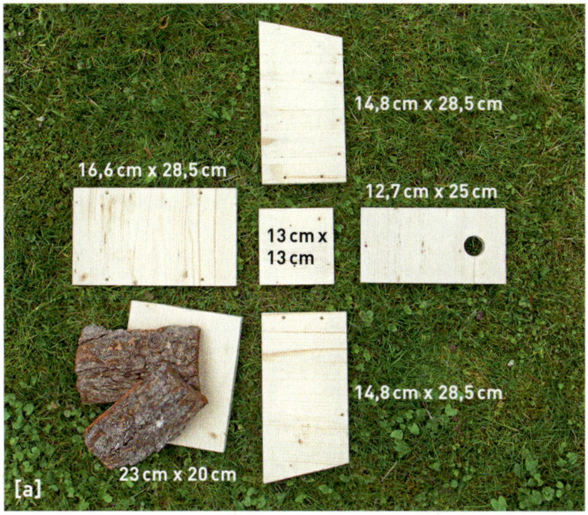

SO *gelingt's* SICHER

[a] ABSCHRÄGEN An den beiden Seitenwänden an jeweils einer langen Seite 3,5 cm nach innen messen. Diesen Punkt mit der Ecke der gegenüberliegenden Seite verbinden und entlang dieser Linie die Seitenteile abschrägen. So kann später das Wasser besser vom Dach ablaufen.

[b] LOCHGRÖSSE Je nachdem welcher Vogel in das Haus einziehen soll, muss auch die Größe des Einflugloches und somit des Topfbohrers gewählt werden: 26 – 28 mm für Blaumeisen, 32 mm für Kohlmeise und Kleiber, 35 mm für Schnäpper und Sperling.

[a]

[b]

SO *gelingt's* SICHER

[a] EIN PAAR ZWEIGE MEHR In den ersten Wochen nach dem Hotelbau trocknen und schrumpfen die Holunderzweige etwas. Deshalb ist es ratsam, einige Zweige mehr zu schneiden, als man braucht. So kann man zum Geschenk als Beigabe noch ein paar Ersatzröhrchen liefern, mit denen das Hotel dann wieder gut festgesteckt werden kann.

[b] ZWEIGE AUSHÖHLEN Mit einem langen, spitzen Werkzeug von beiden Seiten stochern und drehen, bis das weiche Innere aus dem Zweig entfernt ist.

INSEKTENHOTEL
aus Holunderzweigen

RECYCLING UND UMWELTSCHUTZ GEHÖREN ZUSAMMEN. AUS EINER ALTEN KONSERVENDOSE WIRD HIER EIN NEUES ZUHAUSE FÜR INSEKTEN.

Zutaten für 1 Hotel

- 10 frische Holunderzweige, verschiedene Durchmesser
- Schaschlik-Spieß, dicker Draht oder Stricknadel
- 1 leere große Konservendose
- Basteldraht
- Geschenkband

Besonderes Werkzeug

- Gartenschere
- Zange

Zeitbedarf

- 1 Stunde

So geht's

1. Die Holunderzweige an der Dose abmessen und etwas länger als auf Dosenlänge schneiden [→a]. Daraus werden später die Hotelröhren.
2. Für das Hoteldach 10 – 15 Zweige noch etwas länger als die übrigen Zweige schneiden. Sie sollen später etwas vorstehen. Diese Zweige beiseitelegen.
3. Für die Hotelröhren das weiche Innere mit einem Schaschlik-Spieß, Draht oder einer Stricknadel aus den Zweigen entfernen [→b].
4. Erst die dickeren, ausgehöhlten Zweige in die Dose legen, dann mit den dünnen, ausgehöhlten Zweigen die lockeren Stellen abdichten, bis der Doseninhalt schön fest sitzt und sich nicht mehr bewegt.
5. Die längeren Zweigabschnitte wie ein Dach um die eine Hälfte der Dose legen und mit Draht oder Schnur gut festbinden. Mit dem Draht eine Aufhängeschlaufe um die Dose herumbinden. Eventuell mit einer Schleife aus Geschenkband verzieren.

GEEIGNETE ZWEIGE **Statt der Holunderzweige können sie auch andere Zweige verwenden, die leicht ausgehöhlt werden können, z. B. von Sommerflieder.**

KÖRPERPEELING
aus Birkenblättern und Zucker

DAS HAUSGEMACHTE, GRASGRÜNE ZUCKER-PEELING IST EIN TOLLES GESCHENK UND DIE ZUTATEN SIND SCHON FAST ALLE IM KÜCHENVORRAT VORHANDEN.

Zutaten für ca. 200 ml

- 1 Handvoll junge Birkenblätter
- 8 EL Zucker
- 1 EL feines Meersalz
- 80 ml Mandel-, Jojoba- oder Reiskeimöl

Besonderes Werkzeug
- Mixer oder Pürierstab

Zeitbedarf
- 10 Minuten

So geht's

1. Die jungen Birkenblätter sauber verlesen, aber nicht waschen.
2. Zusammen mit Zucker und Salz im Mixer fein pürieren [→a]. Durch die in den Blättern enthaltene Feuchtigkeit bekommt die Mischung eine weiche Konsistenz.
3. Nach und nach mit einem Löffel das Öl unter die Zuckermischung rühren, bis eine pastöse Konsistenz erreicht ist.

Die Variante

Fuß-Peeling mit Wasserminze
Pürieren Sie 1 Handvoll frische Wasserminze (Bachminze) mit 4 EL Zucker und 5 EL feinem Meersalz. Rühren Sie nach und nach etwa 80 ml Mandelöl unter diese Mischung. Falls Sie möchten, können Sie das Peeling noch mit ein paar Tropfen ätherischem Pfefferminzöl stärker aromatisieren. Das Fuß-Peeling pflegt die Füße und die Minze kühlt dabei angenehm, etwa nach einer langen Wanderung. Gründlich einmassieren und dann unter fließendem Wasser gut abwaschen.

ANWENDUNG Das Birken-Peeling ist ein Körper-Peeling zum Duschen. Reiben Sie Ihren Körper unter der Dusche mit kreisenden Bewegungen damit ein. Die Reste können mit warmem Wasser einfach abgespült werden.

[a]

SO *gelingt's* SICHER

[a] PÜRIEREN Beim Pürieren werden die Zellstrukturen zerstört und die Inhaltsstoffe der Blätter freigesetzt, so dass sie ihre glättende und hautstraffende Wirkung entfalten können.

SO *gelingt's* SICHER

[a] DIE FLASCHE sollte vollkommen trocken sein. Die Blüten am besten sammeln, wenn es schon 2 – 3 Tage vorher nicht geregnet hat. Wenn zu viel Feuchtigkeit in das Öl gelangt, kann es verderben. Das merken Sie am unangenehmen Geruch.

[a]

GÄNSEBLÜMCHENÖL
feine Pflege für den Körper

GÄNSEBLÜMCHEN BLÜHEN VON FEBRUAR BIS NOVEMBER. HIER BEREICHERN SIE EIN BERUHIGENDES PFLEGEÖL FÜR DIE HAUT.

Zutaten für 200 ml

1 gehäufte Handvoll Gänseblümchen

200 ml Jojobaöl

Besonderes Werkzeug
- Glasflasche
- Kaffeefilter

Zeitbedarf
- 15 Minuten
- 8 Wochen ziehen

So geht's

1. Die Gänseblümchen sollten am besten an einem sonnigen Tag um die Mittagszeit gesammelt werden. Gänseblümchen brauchen die Sonne, um zu blühen. An regnerischen Tagen und nachts sind die Blüten geschlossen.
2. Blütenköpfe der Gänseblümchen direkt am Stielansatz abpflücken.
3. Die Blüten nicht waschen, sondern im frischen, aber trockenen Zustand in das Jojobaöl geben **[→a]**. An einem warmen, hellen Ort etwa 8 Wochen durchziehen lassen.
4. Anschließend das Öl durch einen Kaffeefilter abgießen und in eine saubere, trockene Flasche umfüllen. Das Öl kann auch mit den Blüten verschenkt werden, es sollte dann nur vor dem ersten Gebrauch gefiltert werden.

Die Variante

Johanniskrautöl
1 gehäufte Handvoll Johanniskraut-Blüten an einem trockenen, sonnigen Tag ernten. Die ungewaschenen Blüten mit 200 ml Jojobaöl übergießen und an einem sonnigen, warmen Platz 2 Monate ziehen lassen. Das rote Öl abfiltern und dunkel lagern. Johanniskraut-Öl ist ideal für die Pflege nach dem Sport. Da es die Lichtempfindlichkeit steigert, die Haut nach der Anwendung jedoch nicht mehr der Sonne aussetzen.

HEILKRAFT **Gänseblümchen gelten traditionell als wichtigstes Naturheilmittel bei Prellungen, Quetschungen, Blutergüssen, Verstauchungen und Muskelschmerzen. Nach kleinen Sportverletzungen oder einer anstrengenden Wanderung tut dieses Öl besonders gut.**

SOMMER

Bunte Blumen und Früchte

IM SOMMER ERSTRAHLT DIE NATUR IN IHRER GANZEN PRACHT. ÜBERALL BLÜHT UND DUFTET ES. AUF DEN WILDWIESEN WEHEN DIE GRÄSER IM WIND, FELDMOHN, KAMILLE UND KORNBLUME BRINGEN FARBE INS GRÜN. JETZT KANN IN HÜLLE UND FÜLLE GESAMMELT UND GEERNTET WERDEN.

KLATSCHMOHN-SEIFE
mit feinem Peelingeffekt

EINE SELBST GESIEDETE SEIFE MIT ZARTEM MOHN-PEELING IST GENAU DIE RICHTIGE PFLEGE FÜR BEANSPRUCHTE ARBEITSHÄNDE.

Zutaten für ca. 1 kg

250 g Kokosöl
250 g Frittierfett
250 g Distelöl
250 g Olivenöl
137 g Natriumhydroxid (NaOH)
335 g sehr kaltes Wasser
12 TL Zucker
1–2 TL Feldmohn-Samen
15 ml ätherisches Öl, z. B. Zitrone

Besonderes Werkzeug

- Zeitungen
- digitale Waage
- alte Arbeitskleidung
- alter Edelstahl-Kochtopf (5 Liter)
- Gummihandschuhe
- Schutzbrille
- Labor-Messbecher (1 Liter)
- alter Kochlöffel aus Holz
- feinmaschiges Edelstahlsieb
- Schneebesen oder Pürierstab
- 2 leere Milchpackungen
- Frischhaltefolie

Zeitbedarf

- 1 Stunde
- 6–8 Wochen reifen

So geht's

1. Die Arbeitsfläche gut mit den Zeitungen abdecken. Alle Zutaten grammgenau abwiegen. Das Kokosöl und das Frittierfett im Topf bei mittlerer Hitze schmelzen, den Topf vom Herd nehmen und Distelöl und Olivenöl zugeben.
2. Handschuhe und Schutzbrille anziehen. Die Lauge am besten im Freien anrühren. Wasser im Messbecher genau abmessen, NaOH vorsichtig in das Wasser rühren **[→a]**. Fett und Lauge müssen nun auf etwa 30–40 °C abkühlen. Wenn Topf und Messbecher sich von außen (!) handwarm anfühlen, ist diese Temperatur etwa erreicht.
3. Die Lauge vorsichtig durch das Sieb in das Fett gießen und mit dem Schneebesen oder dem Pürierstab vorsichtig unterrühren, es darf nichts von der Masse aus dem Topf spritzen! So lange rühren, bis die Masse etwas dicker wird.
4. Zucker, die Mohnsamen und das ätherische Öl unterrühren, bis die Rohseife etwa so dickflüssig wie Pudding ist. Die Masse vorsichtig in die Milchpackungen – 1 Längsseite wie einen Deckel abschneiden – füllen und mit Frischhaltefolie abdecken.
5. Nach 24 Stunden sollte die Seife fest geworden sein. Handschuhe anziehen und Schutzbrille aufsetzen, die Seife aus der Form lösen und in Portionsstücke schneiden. Die Seife sollte nun mindestens 6–8 Wochen reifen.

SO *gelingt's* SICHER

[a] ERST DAS WASSER **in den Messbecher geben und dann das NaOH zugeben. Die giftigen Dämpfe dürfen nicht eingeatmet werden! Immer Schutzkleidung tragen! Die angerührte Lauge ist stark ätzend! Kleine Kinder und Haustiere dürfen während des Seifesiedens den Arbeitsraum nicht betreten – erst, wenn alle Gefahrenstoffe weggeräumt sind.**

SO *gelingt's* SICHER

[a] BLÜTEN ERNTEN Die Blüten der Wildrose ernten Sie am besten an einem sonnigen, trockenen Tag, nachdem der Morgentau getrocknet ist. So trocknen sie schneller und entfalten ihren ganzen Duft.

[a]

BADESALZ
mit Wildrosenblüten

IN DER WARMEN MITTAGSSONNE DUFTEN DIE WILDROSEN UM DIE WETTE. DIE PERFEKTE ZUTAT FÜR EIN ROSIGES WOHLFÜHL-BADESALZ.

Zutaten für 500 g

- 2 Handvoll Wildrosenblüten
- 500 g Totes-Meer-Salz
- 5 – 10 Tropfen ätherisches Rosenöl

Besonderes Werkzeug
- Glas mit 500 ml Inhalt
- Trockenrahmen oder Backblech

Zeitbedarf
- 2 Tage trocknen
- 10 Minuten

So geht's

1. Die Blütenblätter von den Wildrosenblüten **[→a]** zupfen und auf dem Trockenrahmen oder lose auf einem Backblech ausgebreitet trocknen lassen, bis sie rascheln.
2. Das Salz und die Blüten in einer Schüssel mit den Händen locker vermischen.
3. Das Rosenöl erst gleichmäßig auf die Salz-Blüten-Mischung tropfen und dann mit einem Löffel vorsichtig unterheben.
4. Das Badesalz in das Glas füllen und gut verschließen. Diese Menge reicht für 3 – 4 Vollbäder.

SO GEHT'S SCHNELLER **Wenn die Blütenblätter schneller trocknen sollen, können Sie diese auch bei 50 – 70 Grad im Backofen trocknen. Das verschafft Ihnen außerdem ein tolles Dufterlebnis!**

SPITZWEGERICH-ÖL
hilft bei Mückenstichen

ER WÄCHST AUF NAHEZU JEDER WILDWIESE UND DOCH WEISS FAST NIEMAND, DASS SPITZWEGERICH GANZ WUNDERBAR BEI MÜCKENSTICHEN HILFT.

Zutaten für 500 ml

- 50 g Spitzwegerich-Blätter
- 500 ml Olivenöl

Besonderes Werkzeug

- Glasbehälter mit Deckel
- Kaffeefilter aus Papier
- 2 Glasflaschen à 250 ml

Zeitbedarf

- 10 Minuten ansetzen
- 4 Wochen ziehen
- 10 Minuten filtern

So geht's

1. Die Spitzwegerich-Blätter **[→a]** nicht waschen und quer in feine Streifen schneiden. Die Blattstreifen in ein verschließbares Glas geben, mit dem Olivenöl übergießen und gut verschließen.
2. Den Öl-Ansatz etwa 4 Wochen an einem warmen, sonnigen Platz ziehen („mazerieren") lassen **[→b]**. Ab und zu das Gefäß leicht schütteln.
3. Nach den 4 Wochen das Kräuter-Öl durch einen Kaffeefilter abgießen und in 2 saubere, ganz trockene Flaschen füllen. Das Spitzwegerich-Öl sollte nicht zu warm und immer dunkel aufbewahrt werden.

Die Variante

Öl mit getrocknetem Spitzwegerich
Wenn in dem frischen Spitzwegerich zu viel Flüssigkeit enthalten ist, kann es passieren, dass der Ölansatz verdirbt. Der Ansatz kann auch mit getrockneten Spitzwegerich-Blättern gemacht werden. Das frische Kraut luftig trocknen bis es raschelt, die getrockneten Blätter etwas zerkleinern und mit dem Olivenöl 4 Wochen ziehen lassen. Wie beschrieben abseihen.

ANWENDUNG **Das Spitzwegerich-Öl kann bei Mückenstichen, kleinen Hautirritationen oder Verbrennungen direkt auf die betroffene Stelle aufgetragen werden.**

[a]

[b]

SO *gelingt's* SICHER

[a] KRÄUTER SAMMELN Der beste Sammelplatz für alle Wildkräuter sind einsame Wildwiesen, fern von Autoabgasen und anderen Verunreinigungen. Typische Hundewiesen sollten beim Kräuter sammeln ebenfalls gemieden werden.

[b] BEIM MAZERIEREN werden die Spitzwegerich-Blätter im Olivenöl eingeweicht. In der 4-wöchigen Einwirkzeit gehen die guten Inhaltsstoffe des Spitzwegerichs in das Öl über. Das fertige Spitzwegerich-Öl nennt man auch Mazerat.

KIRSCHKERNKISSEN
aus Kornelkirsche

EINE WUNDERBARE ART DER RESTVERWERTUNG: DIE KERNE AUS DER KORNELKIRSCHE KÖNNEN ALS KLEINES WÄRMEKISSEN NOCH TOLLE DIENSTE LEISTEN.

Zutaten für 1 Kissen

200 g Kornelkirschkerne
1 Stück Stoff (17 cm x 34 cm)
Nähgarn

Besonderes Werkzeug
- Nähmaschine

Zeitbedarf
- 2 Stunden vorbereiten
- 15–30 Minuten nähen

So geht's

1. Die Kornelkirschkerne gründlich reinigen. Dazu die Kerne in einem Topf mit Wasser aufkochen und so lange kochen, bis sich alle Fruchtfleisch-Reste abgelöst haben. Anschließend in einem Sieb gut abspülen. Die Kerne auf Zeitungspapier ausbreiten und in der Sonne sehr gut durchtrocknen lassen. Wenn das Wetter nicht mitspielt, können die Kerne auch auf einem Backblech bei 50 Grad (am besten bei Umluft) getrocknet werden.
2. Den Stoff rechte auf rechte Seite zu einem Quadrat falten und rundherum zusammennähen. Etwa 5 cm an einer Seite offen lassen. Die Kissenhülle wenden.
3. Die getrockneten Kornelkirschkerne in das Kissen füllen, das Einfüll-Loch mit Stecknadeln sauber verschließen und knapp an der Kante entlang zusammennähen.
4. Wer im Nähen geübt ist, kann den Stoff auch in einer speziellen Form ausschneiden und zusammennähen. Oder das kleine Kissen wird noch mit Bändern, Borten oder Stickereien verziert. Der Fantasie sind hier keine Grenzen gesetzt.

Das Kirschkernkissen kann auf der Heizung, im Backofen oder in der Mikrowelle erwärmt werden.

KISSEN WASCHEN **Das Kissen kann mit der Hand gewaschen werden. In lauwarmem Wasser gründlich und zügig auswaschen, nicht lange im Wasser liegen lassen. Auf ein Frotteetuch legen und mit dem Tuch gut auswringen. Auf ein trockenes Handtuch legen oder auf der Heizung gut trocknen lassen. Dabei öfter wenden und den Kisseninhalt etwas kneten.**

BADETEE
aus Wiesenkräutern

DIESE RIESENGROSSEN TEEBEUTEL SIND GENAU RICHTIG FÜR EIN DAMPFENDES VOLLBAD, DAS UNS MIT DEM DUFT DES SOMMERS VERWÖHNT.

Zutaten für 6 Beutel

- Je eine Handvoll frische
- Mädesüßblüten
- Brennnesselblätter
- Erdbeerblätter
- Kornblumenblüten
- Wildrosenblüten
- Schachtelhalm
- Schafgarbe (Blüten und Blätter)
- Kamillenblüten
- Karton
- Stift oder Stempel
- Küchengarn
- 6 Papier-Teefilter, Kannengröße

Besonderes Werkzeug

- Trockenrahmen
- Heftgerät (Tacker)

Zeitbedarf

- 2–3 Tage trocknen
- 1 Stunde aktiv

So geht's

1. Die Wiesenkräuter und Blüten werden an einem trockenen, sonnigen Tag geerntet. Am besten morgens, wenn der Tau schon getrocknet ist. Die Blüten und Blätter auf dem Trockenrahmen oder lose auf einem Backblech ausgebreitet trocknen lassen, bis sie rascheln.
2. Die Blüten und Blätter von den Zweigen in eine Schüssel rebeln, den Schachtelhalm kleinschneiden und die Kräuter mit den Händen gut durchmischen.
3. 6 Pappschildchen aus dem Karton ausschneiden und beschriften. 6 Garnstücke abschneiden und mit dem Heftgerät an die vorbereiteten Kärtchen heften.
4. Die Kräutermischung auf die Teebeutel verteilen. Die überstehende obere Kante des Teebeutels umschlagen, dann die oberen Ecken des Beutels zur Mitte falten. Die entstehende Spitze des Beutels nach unten falten und knicken.
5. Das andere Ende des Fadens mit dem Schildchen unter die Spitze des Teebeutels legen und den Beutel an der Oberkante mitsamt dem Fadenende zusammentackern.
6. Die Beutel können einzeln oder als Set verpackt und verschenkt werden. Ein Beutel reicht für ein Vollbad.

RAINFARNKISSEN
gegen Kleidermotten

EIN ALTES HAUSMITTEL GEGEN KLEIDERMOTTEN. DEN MOTTEN STINKT'S UND DER KLEIDERSCHRANK BLEIBT NATÜRLICH MOTTENFREI.

Zutaten für 4 kleine Kissen

5 Handvoll Rainfarnblüten

Baumwoll- oder Leinenstoff, 140 cm Laufbreite x 15 cm

buntes Nähgarn

Besonderes Werkzeug
- Trockenrahmen
- Glas (ø ca. 10 cm)
- gute Stoffschere
- Stecknadeln
- Nähmaschine

Zeitbedarf
- 40 Minuten

So geht's

1. Die Rainfarnblüten [→a] auf dem Trockenrahmen oder einem Backblech ausgebreitet trocknen lassen, bis sie rascheln.
2. Den Stoff in der Stoffmitte gefaltet lassen und doppelt zusammengelegt auf einen glatten, festen Untergrund legen. Ein Glas umgedreht als Schablone auf den Stoff stellen und 4 Kreise etwa 1 cm größer als die Vorlage anzeichnen. Mit der Schere die 4 doppelten Stoffkreise ausschneiden. Sie müssen nicht besonders exakt schneiden – wenn die Kreise etwas unregelmäßig sind, hat das auch seinen Charme.
3. Jeweils 2 Stoffkreise mit den Stecknadeln rundherum zusammenstecken. Eine kleine Lücke lassen, um den getrockneten Rainfarn einzufüllen. Pro Kissen etwa 3 TL getrocknete Blüten einfüllen und dann komplett zusammenstecken.
4. Mit der Nähmaschine etwa 1 cm vom Rand entfernt 1 – 2 mal rundherum die Kissen zunähen. Die Naht soll hier ebenfalls nicht zu exakt genäht sein, wenn die Nählinien sich überschneiden oder unterschiedlich weit voneinander verlaufen, sieht das hinterher sehr dekorativ aus.

VORSICHT GIFTIG Rainfarn enthält das Nervengift Thujon und sollte daher immer nur äußerlich angewendet werden. Seine Wirkung gegen Motten beruht jedoch nicht darauf, sondern auf dem Gehalt an Kampfer, dessen Duft die Schädlinge nicht mögen.

SO *gelingt's* SICHER

[a] RAINFARN blüht von Juni bis September. Wer einmal auf den Rainfarn aufmerksam geworden ist, entdeckt ihn plötzlich überall: am Straßenrand, auf der Wiese oder an Waldrändern.

SO *gelingt's* SICHER

[a] GUT TROCKNEN Die Vogelkirschen müssen sehr gut getrocknet und richtig zäh, fast hart sein. Ist zu viel Restfeuchte im Tee enthalten, fängt er schnell an zu schimmeln.

BLÜTEN UND BLÄTTER BEREITS IM APRIL SAMMELN

[a]

FRÜCHTETEE
aus Vogelkirsche

DIE SAMMELARBEIT FÜR DIESEN FRÜCHTETEE BEGINNT SCHON IM FRÜHLING, WENN FRISCHE BLÄTTER UND BLÜTEN GEERNTET WERDEN.

Zutaten für 100 g

- 2 Handvoll Vogelkirsche-Blüten
- 2 Handvoll ganz frische, junge Vogelkirsche-Blätter
- 200 g Vogelkirschen

Besonderes Werkzeug

- Trockenrahmen oder Backblech
- Kirschen-Entsteiner

Zeitbedarf

- 3 Stunden trocknen
- 5 Minuten mischen

So geht's

1. Die Blüten und Blätter werden schon im April gesammelt, wenn die Vogelkirsche prachtvoll blüht. Es werden nur die ganz frischen, zarten, gelb-grünen Blätter geerntet, die sich gerade erst entfalten.
2. Blüten und Blätter werden auf dem Trockenrahmen locker ausgebreitet und getrocknet, bis sie rascheln. In ein dunkles Gefäß füllen und gut verschließen.
3. Ab Juni/Juli sind die Früchte der Vogelkirsche dann erntereif. Die Früchte sammeln, waschen, auf einem Küchentuch gut abtrocknen und entsteinen, eventuell halbieren oder vierteln.
4. Auf ein mit Backpapier ausgelegtes Backblech geben und im Ofen bei 50 Grad gut trocknen lassen. Ab und zu die Ofentür öffnen, damit die Feuchtigkeit aus dem Ofen entweichen kann.
5. Wenn die Kirschen ganz trocken und zäh sind **[→a]**, werden sie mit den getrockneten Blättern und Blüten aus der Frühlingssammlung gemischt. In einer Teedose aufbewahren oder in Zellophantütchen verpackt verschenken.

ZUBEREITUNG **Etwa 1 EL Tee pro Tasse mit kochendem Wasser übergießen und 10 Minuten ziehen lassen. Nach Geschmack eventuell mit etwas Agavendicksaft süßen.**

WALDERDBEEREN-ZUCKER

fruchtig und süß

WALDERDBEEREN GIBT ES FAST DEN GANZEN SOMMER ÜBER. IN ZUCKER KONSERVIERT KÖNNEN SIE DAS TOLLE AROMA DAS GANZE JAHR ÜBER GENIESSEN.

Zutaten für 250 g

50 g Walderdbeeren

200 g Zucker

Besonderes Werkzeug

- Mixer oder Mörser
- Gläser
- Backpapier

Zeitbedarf

- 1 – 2 Std. trocknen
- 10 Minuten

So geht's

1. Nur ganz dunkelrote, aromatische Erdbeeren werden geerntet [→a].
2. Die Erdbeeren eventuell halbieren, auf ein mit Backpapier ausgelegtes Backblech geben und im Backofen bei 50 Grad am besten bei Umluft gut trocknen. Vorsichtig vom Backpapier lösen, sie kleben etwas daran fest.
3. Die getrockneten Früchte zusammen mit dem Zucker im Mixer fein pürieren. In kleine Gläschen abfüllen und gut verschließen [→b].

Der Erdbeerzucker passt zum feinen Abschmecken von Salatsaucen, hellem Fleisch oder auch von cremigen Desserts.

Die Variante

Erdbeershake
2 TL Erdbeerzucker zusammen mit 2 Kugeln Vanilleeis und 200 ml eiskalter Milch im Mixer pürieren. Fertig ist ein cremiger Erdbeershake.

RECYCLING Das Backpapier, auf welchem die Erdbeeren im Backofen getrocknet wurden, kann mit seinem hübschen Muster prima als Geschenkpapier zum Verpacken des Zuckers genutzt werden.

[b]

[a]

SO *gelingt's* SICHER

[a] Reife Früchte Erst wenn die Walderdbeeren ganz dunkelrot sind und verführerisch duften, sind sie wirklich reif und aromatisch. Die etwas helleren Erdbeeren duften zwar auch schon etwas, das Aroma ist dann aber noch nicht ausgereift und die Früchte schmecken sauer.

[b] DAS PASSENDE MUSTER im Zucker entsteht durch die Prägung im Glasdeckel.

DAS IST *wirklich* WICHTIG

FUCHSBANDWURM-GEFAHR

Es wird immer wieder vor dem Genuss am Boden wachsender Beeren gewarnt, da diese möglicherweise Eier des Fuchsbandwurmes auf den Menschen übertragen könnten. Expertenmeinungen zufolge sind tatsächlich aber keine Infektionsfälle durch den Verzehr nachweisbar. Wer ganz sicher gehen will, isst die Früchte nur gekocht (Temperaturen von 70 Grad überstehen die Eier nicht).

ROTE BEEREN

zarte Früchte wild gewachsen

SIE BEGLEITEN UNS DEN GANZEN SOMMER. DIE KLEINEN WALDERDBEEREN MIT IHREM STARKEN AROMA SIND DIE ERSTEN BEEREN, DIE REIF WERDEN, GEFOLGT VON HIMBEEREN, BLAU- UND BROMBEEREN. HIER NUR DIE WICHTIGEN DETAILS – DAS HEISST, WO UND WANN SIE ZU FINDEN SIND …

WALDERDBEEREN

Die kleinen, zarten Walderdbeeren wachsen auf Lichtungen und an Waldrändern. Da sie sich vor allem über ihre Ausläufer verbreiten, entstehen dort meist ganze Erdbeerteppiche. Die Beeren sollten erst gesammelt werden, wenn sie ganz dunkelrot sind, so sind sie besonders aromatisch. Die ersten Walderdbeeren werden ab Mitte Mai reif, ab dann kann den ganzen Sommer über gesammelt werden. Die Blätter können Sie als Schwarztee-Ersatz verwenden.

WILDE HIMBEEREN

Von Mai bis August wachsen die wilden Himbeeren. Als Waldpioniere erobern sie Kahlflächen und wachsen auf Lichtungen und an Waldrändern. Die stacheligen Reben schützen dabei die zartweichen, aromatischen Himbeerfrüchte vor „Räubern".

BROMBEEREN

Am häufigsten zu finden sind wilde Brombeeren. Sie wurzeln fast überall in sonnigen oder halbschattigen Lagen, ob Industriebrache, heller Wald oder Waldrand. Die Brombeere ist ein Überlebenskünstler, auch in der kleinsten Asphaltritze ausgesät, kann die Kletterpflanze fast ohne Ende wachsen. Genau wie Himbeer- und Erdbeerblätter können die Blätter der Brombeere als Tee verwendet werden. Nur ganz reife Früchte ernten, diese erkennt man daran, dass die einzelnen Segmente der Frucht prall gefüllt sind.

HEIDELBEEREN

Die Früchte der echten, wilden Heidelbeere werden zu Recht auch Blaubeeren genannt. Die schwarzblauen Beeren sind etwa 0,5 Zentimeter groß und färben beim Essen Zähne und Mund richtig intensiv. Reife Heidelbeeren sind blaugrau bereift und das Fruchtfleisch ist ebenso dunkel wie die äußere Fruchthülle. Sammelstellen sind schwer zu finden, und die meisten Sammler verraten ihre besten Plätze nicht gerne. Die Heidelbeere kann von Juli bis September gesammelt werden. Die Pflanzen mögen halbschattige Orte mit nährstoffarmem Boden wie er in Moor- und Heidelandschaften sowie in frischen Nadel- und Mischwäldern zu finden ist.

BROMBEERSENF

leckere Sauce zu Gegrilltem

DIESE SELBSTGEMACHTE FRUCHTIGE SENFSAUCE IST DAS PERFEKTE MITBRINGSEL FÜR DIE NÄCHSTE GRILLPARTY.

Zutaten für 400 g

- 400 g Brombeeren
- 30 ml Balsamico-Essig
- 80 g Roh-Rohrzucker
- ½ Schalotte
- 2 gehäufte EL Senfsamen
- Salz, Pfeffer aus der Mühle

Besonderes Werkzeug

- Pürierstab
- Blitzhacker
- Glasflaschen

Zeitbedarf

- 20 Minuten
- 1 – 2 Tage ziehen

So geht's

1. Die Brombeeren verlesen und mit dem Pürierstab in einem etwas höheren, kleinen Topf fein pürieren. Das Brombeerpüree zusammen mit dem Balsamico-Essig und dem Roh-Rohrzucker auf dem Herd erwärmen und etwa 5 Minuten leicht köcheln lassen.
2. Die Schalottenhälfte in feine Würfel schneiden und zu der noch warmen Brombeersauce geben.
3. Die Senfsamen im Mixer so fein wie möglich zerkleinern.
4. Den Topf mit der Brombeer-Schalotten-Sauce vom Herd nehmen und die zerkleinerten Senfkörner gut untermischen.
5. Alles zusammen noch einmal kurz erwärmen und mit Salz, Pfeffer und evtl. noch etwas Roh-Rohrzucker abschmecken. Noch warm in die sterilisierten Flaschen abfüllen und gut verschließen [→a]. Im Kühlschrank ist die Grill-Sauce mehrere Wochen haltbar.

SCHÖN SAMTIG Wer die Kerne nicht mag, kann das Brombeerpüree vor dem Erwärmen durch ein feines Sieb passieren.

SO *gelingt's* SICHER

[a] DIE SCHÄRFE DER SENFSAMEN entwickelt sich erst mit der Zeit. Der Senf sollte deshalb bereits etwa 1 – 2 Tage vor dem Verschenken zubereitet werden.

SO *gelingt's* SICHER

[a] ZARTE PFLANZENTEILE Sammeln Sie die zarten, jungen Blätter. Sie eignen sich auf Grund ihrer Struktur am besten zum Trocknen und Verarbeiten. Außerdem sind hier die Aromen besonders fein.

WILDKRÄUTERSALZ
mit Schafgarbe und Gundermann

EINE WILDE SALZ-MISCHUNG ZUM WILDEN WÜRZEN. PROBIEREN SIE AUCH NEUE MISCHUNGEN MIT VERSCHIEDENEN ANDEREN WILDKRÄUTERN AUS.

Zutaten für 250 g

- je 1 Handvoll
- Beifuß
- Brennnesselblätter
- Wilder Oregano (Dost)
- Schafgarbenblüten
- Gundermann
- Löwenzahnblätter
- 1 Teelöffel Pfefferkörner
- 200 g Meersalz

Besonderes Werkzeug
- Trockenrahmen
- Mörser oder Mixer
- Gläser

Zeitbedarf
- 2–3 Tage trocknen
- 15 Minuten

So geht's

1. Von Beifuß, Brennnessel und Dost nur die oberen, zarten Blätter sammeln, die noch weiche, zarte Stiele haben **[→a]**. Die Blätter von den Stängeln zupfen und mit den Schafgarbeblüten, Gundermann und Löwenzahnblättern auf dem Trockenrahmen ausbreiten und gut durchtrocknen lassen.
2. Die trockenen Wildkräuter mit dem Salz im Mörser vermischen und alles zusammen nach Belieben feiner oder etwas gröber zerreiben. Salz und Kräuter sollen sich dabei gut miteinander mischen.
3. Die Pfefferkörner separat im Mörser zerstoßen und unter das Kräutersalz mischen.
4. In kleine Gläschen abfüllen und schön verpackt verschenken.

Die Variante

Frisches Kräutersalz
Alle Wildkräuter leicht abbrausen und mit dem Messer etwas zerschneiden. Zusammen mit dem Salz im Mörser zerreiben oder mit dem Küchenmixer zerkleinern. Die Masse auf ein Backpapier streichen und bei etwa 50 Grad im Ofen gut durchtrocknen lassen. Anschließend das Salz wieder zerkleinern und in kleine Gläser abfüllen.

ASTHAKEN
aus Fundholz

NATUR IST EINFACH SCHÖN! LEICHT MODIFIZIERT ENTSTEHEN SO DIESE DEKORATIVEN ASTHAKEN.

Zutaten für 5 Haken

Fundholz mit 5 ausgeprägten Astgabeln (ø ca. 3–4 cm)

Besonderes Werkzeug
- Holzsäge
- Schleifpapier
- Bohrmaschine
- 8 mm-Holzbohrer

Zeitbedarf
- 1 Stunde

So geht's

1. Suchen Sie sich die fünf schönsten Astgabeln aus. Etwa 7–10 cm oberhalb und unterhalb der Astgabel am Ast abmessen und das Holz dort mit der Säge absägen. Die Astgabel selber, die später zum Haken wird, wird mit der Holzsäge auf etwa 4–5 cm gekürzt.
2. Die zugesägten Stücke auf eine feste Unterlage legen und mit der Holzsäge von dem Hauptast das hintere Drittel absägen. So entsteht an der Rückseite eine flache Auflagefläche und der Haken kann später besser an der Wand verschraubt werden.
3. Nun werden die Schnittflächen – Ober- und Unterseite des Hakens sowie die gekürzte Astgabel – mit dem Schleifpapier geglättet. Wer möchte, kann die Flächen dabei auch etwas abrunden **[→a]**.
4. Ganz zum Schluss werden mit dem Holzbohrer noch die Befestigungslöcher etwa 0,5–1 cm unterhalb von Ober- und Unterkante markiert und vorgebohrt.

NOCH MEHR HAKEN **Aus größeren Astgabeln können auf diese Weise schöne Kleiderhaken entstehen. Mehrere kleine zusammen auf ein raues Holzbrett geschraubt, werden zu einem schönen Schlüsselbrett.**

SO *gelingt's* SICHER

[a] GLÄTTEN Sie den gesamten Haken mit dem Schleifpapier, so kann später nichts an einer rauen Stelle hängen bleiben.

[a]

[b]

[c]

SO *gelingt's* SICHER

[a] SICHERHEIT GEHT VOR Bei der Seifenherstellung sind einige Sicherheitsregeln zu beachten! Genauere Anleitungen finden Sie im Internet oder speziellen Büchern, die die Seifenherstellung detailliert beschreiben! Informieren Sie sich ausführlich, bevor Sie das erste Mal Seife sieden, und setzen Sie alle Schutzmaßnahmen um.

[b, c] LAUGE UND FETT MISCHEN Die Lauge durch ein feines Edelstahlsieb langsam in das Fett gießen. Dann mit dem Pürierstab oder einem Schneebesen vorsichtig untermischen. Es darf dabei nichts von der Masse über den Topfrand spritzen.

HEILSCHLICK IST BESONDERS DUNKEL

WATTSEIFE
mit Heilschlick

WER AN DER SEE WOHNT, HAT FÜR DIESES REZEPT DIE BESTEN VORAUSSETZUNGEN. ALLE ANDEREN MÜSSEN SICH DEN SCHLICK AUS DEM URLAUB MITBRINGEN LASSEN.

Zutaten für ca. 1 kg

- 4 EL Heilschlick
- 250 g Kokosöl
- 250 g Frittierfett
- 250 g Rapsöl
- 250 g Olivenöl
- 137 g Natriumhydroxid (NaOH)
- 335 g sehr kaltes Wasser
- 1 TL Zucker
- 15 ml ätherisches Öl, z. B. Minze

Besonderes Werkzeug

- Zeitungen
- digitale Waage
- alte Arbeitskleidung
- alter Edelstahl-Kochtopf (5 Liter)
- Gummihandschuhe
- Schutzbrille
- Labor-Messbecher (1 Liter)
- alter Kochlöffel aus Holz
- feinmaschiges Edelstahlsieb
- Schneebesen oder Pürierstab
- 2 leere Milchpackungen
- Frischhaltefolie

Zeitbedarf

- 1 Stunde
- 6 – 8 Wochen reifen

So geht's

1. Zuerst den Heilschlick reinigen, damit keine scharfkantigen Muschelschalen darin enthalten sind. Dazu den Schlamm durch ein feinmaschiges Sieb mit einem Teelöffel streichen und auffangen.
2. Den Arbeitsplatz mit Zeitungspapier abdecken und Schutzmaßnahmen beachten [→a] (siehe auch Seite 42/43). Alle Zutaten grammgenau abwiegen.
3. Das Kokosöl und das Frittierfett im Topf bei mittlerer Hitze schmelzen. Den Topf vom Herd nehmen und Raps- und Olivenöl zugeben.
4. Die Lauge wird am besten im Freien angerührt. Schutzbrille und Gummihandschuhe tragen und das Wasser im Labor-Messbecher genau abmessen, NaOH vorsichtig in das Wasser rühren. Fett und Lauge auf etwa 30 – 40 Grad abkühlen.
5. Die Lauge mit dem Fett mischen [→b, c]. Zunächst vorsichtig mit dem ausgeschalteten Pürierstab rühren, dann erst einschalten und mixen. So lange rühren, bis die Masse etwa dicker geworden ist.
6. Heilschlick, Zucker und ätherisches Öl zuerst vorsichtig mit dem ausgeschalteten Pürierstab einrühren, dann mixen. Die noch flüssige Seife in die Milchpackungen – je eine Längsseite wie einen Deckel abschneiden – füllen und mit Frischhaltefolie abdecken.
7. Nach 24 Stunden, wenn die Seife fest geworden ist, Handschuhe und Schutzbrille anziehen, den Seifenblock aus der Form lösen und in Portions-Stücke schneiden. Die Seife sollte nun mindestens 6 – 8 Wochen reifen.

SCHLICKWATT **finden Sie an geschützten Stellen des Meeres wie z. B. Buchten direkt an der Küste. Es ist besonders dunkel und nährstoffreich.**

ORAHOVAC
aus grünen Walnüssen

TRADITIONELL WERDEN DIE GRÜNEN WALNÜSSE FÜR DIESEN KROATISCHEN LIKÖR UM JOHANNI GEERNTET, WENN SIE NOCH KEINE FESTE SCHALE HABEN.

Zutaten für ca. 1 Liter

- 0,7 Liter Korn oder Wodka
- 250 g brauner Kandis
- 10 – 12 grüne Walnüsse
- 2 Vanilleschoten

Besonderes Werkzeug
- Einmalhandschuhe
- großes Einmachglas
- altes Schneidebrett
- feines Sieb oder Kaffeefilter
- Flaschen mit Verschluss

Zeitbedarf
- 30 Minuten

So geht's

1. Die grünen Walnüsse ernten und anschließend unter fließendem Wasser abbrausen.
2. Die Nüsse je nach Größe vierteln oder achteln **[→a]** und in das Einmachglas füllen, den Kandis zugeben.
3. Die Vanilleschoten mit einem kleinen Messer halbieren, mit dem Messerrücken das Mark auskratzen und zusammen mit den Schoten zu Nüssen und Zucker geben.
4. Mit dem Alkohol aufgießen **[→b]**, das Glas gut verschließen und die Mischung etwas schütteln.
5. Der Liköransatz sollte mindestens 6 – 8 Wochen an einem hellen, warmen Platz durchziehen. In dieser Zeit färbt er sich nach und nach dunkelbraun. Immer mal wieder etwas schütteln.
6. Den fertigen Likör durch ein feines Sieb oder einen Kaffeefilter abgießen und in saubere Flaschen abfüllen.

DAS SCHMECKT DAZU **Probieren Sie den Walnusslikör als Dessert-Beigabe zu Vanille- oder Walnusseis.**

SO *gelingt's* SICHER

[a] VORSICHT FARBE Bei der Ernte und beim Verarbeiten der frischen Walnüsse sollten Sie unbedingt Handschuhe tragen und besser ein altes Schneidebrett benutzen. Walnüsse färben sehr gründlich und braun. Die Flecken auf der Haut brauchen mehrere Tage, bis sie abgewaschen sind.

MIT HANDSCHUHEN ARBEITEN

[a]

[b]

JUNI
1 2 3 4 5 6 7 8 9 10 11 13
14 15 16 17 18 19 20 22
23 25 27 28 29 30

NATUR-KALENDER
mit Landart-Fotografien

FUNDSTÜCKE AUS DER NATUR LASSEN SICH ZU WUNDERBAREN LANDART-INSZENIERUNGEN ARRANGIEREN. DIE FOTOS DAVON ERGEBEN SPÄTER EINE TOLLE BILDERSAMMLUNG FÜR EINEN KALENDER.

Zutaten für einen Kalender

- diverse Pflanzen, Blüten, Steine
- 12 Landart-Inszenierungen als Fotografie
- 12 x heller Fotokarton
- evtl. Stempel mit Zahlen und Buchstaben und Stempelkissen
- große Metallklammer

Besonderes Werkzeug

- Kamera
- Fotodrucker
- Fotokleber

Zeitbedarf

- mehrere Wochen

So geht's

1. Nutzen Sie die Fundstücke aus der Natur, um Bilder und Skulpturen zu bauen. Lassen Sie sich begeistern von Formen und Farben, verschiedenen Materialien, geografischen Umständen und den Einflüssen des Wetters.
2. Steine, Blüten, Beeren, Dornen, Nadeln, Federn, Wasser, Schnee, Eis, Moos und, und, und werden ohne Hilfsmittel zu eigenen Werken zusammengestellt, welche sich mit der Zeit durch Witterung und Wachstum verändern. Alle Materialien verbleiben vor Ort.
3. Die fertigen Werke werden nun fotografiert – mit welcher Kamera und Technik, das bleibt Ihnen überlassen.
4. Nun muss noch ein Kalendarium gestaltet werden, entweder mit Hilfe des Computers oder aber ganz traditionell handschriftlich oder vielleicht gestempelt? Entscheiden Sie sich für einen Jahreskalender mit zugeordneten Wochentagen oder einen immerwährenden Geburtstagskalender.
5. Je nachdem, wie es Ihnen besser gefällt, werden die Landart-Bilder als Fotoabzüge auf die Kalenderblätter geklebt oder direkt auf den Fotokarton gedruckt.
6. Die Aufhängung ist ganz einfach: Die Kalenderblätter werden mit einer großen Metallklammer zusammengehalten und daran auch aufgehängt.

TEXTILDRUCK *mit Muscheln*

DIE VIELSEITIGEN FORMEN UND STRUKTUREN VON MUSCHELN LASSEN SICH HERVORRAGEND ALS STEMPEL VERWENDEN. BEDRUCKT WIRD, WAS GEFÄLLT.

Zutaten

- verschiedene Muscheln
- Stofffarbe
- Pinsel
- einfarbiger Stoff zum Bestempeln

Besonderes Werkzeug
- Zeitungen zum Abdecken
- einige Stofflappen zum Testen und Reinigen
- Bügeleisen

Zeitbedarf
- ab 10 Minuten (je nach Stoffmenge)
- über Nacht trocknen
- 10 Minuten fixieren

So geht's

1. Zuerst wird die Arbeitsfläche mit den alten Zeitungen abgedeckt, dann kann es losgehen.
2. Die Stofffarbe wird sparsam mit dem Pinsel auf die Oberseite der Muschel aufgetragen. Nicht zu viel Farbe nehmen, damit die Rillen der Oberfläche nicht vollständig gefüllt sind.
3. Probieren Sie das Stempeln zuerst an dem Stofflappen aus. So können Sie testen, wie viel Farbe Sie auftragen müssen und wie Sie am besten stempeln.
4. Die angepinselte Muschel mit der Farbseite vorsichtig auf den Stoff drücken und vorsichtig wieder anheben. Die Muschel anschließend mit dem Stofflappen erst wieder sauber machen, bevor Sie erneut Farbe auftragen und stempeln.
5. Nach dem Stempeln die Farbe sehr gut trocknen lassen, evtl. sogar über Nacht. Dann die Farbe nach Herstellerangaben fixieren, meist geht das mit einem Bügeleisen.

GEEIGNETE STOFFE Mit den Muschelstempeln können Sie ganz unterschiedliche Dinge individuell verzieren. Es eignet sich vieles vom einfarbigen Küchentuch über Kissenbezüge und T-Shirts bis hin zu Leinentaschen. Wichtig ist, dass es sich um Baumwollstoffe handelt. Kunstfasern nehmen die Stofffarbe nicht richtig an.

MINI-ZEN-GARTEN
mit Sand und Steinen

DAS PERFEKTE GESCHENK FÜR MENSCHEN, DIE NICHT ABSCHALTEN KÖNNEN – ABER WOLLEN. SEHR MEDITATIV!

Zutaten für einen Zen-Garten

- 1 große Zigarrenschachtel
- evtl. Holzleim
- Farbe (Weiß oder Schwarz)
- heller, feiner Sand
- 3 runde Flusskieselsteine
- kleiner Zen-Holzrechen
- Geschenkband

Besonderes Werkzeug
- sehr feines Sieb für den Sand

Zeitbedarf
- 20 Minuten aktiv
- 1 Stunde trocknen

So geht's

1. Die Fugen der Zigarrenschachtel falls nötig auf der Innenseite der Kiste mit dem Holzleim abdichten und den Leim gut trocknen lassen. So rieselt kein Sand heraus.
2. Die Kiste mit der Farbe von außen und innen streichen. Was Sie für eine Farbe nehmen, ist Geschmackssache. Falls die Zigarrenschachtel keinen Aufdruck hat, muss sie auch nicht unbedingt gestrichen werden.
3. Den Sand, falls nötig, durchsieben und in die Kiste füllen. Mit den Kieselsteinen dekorieren. Dabei sollen sich keine geometrischen Figuren ergeben, die Linien fließen später um die Steine herum.
4. Den Rechen mit einem Geschenkband an den Zen-Garten hängen.

DER ZEN-GARTEN hilft dabei, seine Gedanken konzentriert abzuschalten. Mit dem kleinen Rechen werden Wasserlinien gezogen, die Bachverläufe oder Gewässer symbolisieren. Bei den Linien soll kein Anfang und kein Ende zu sehen sei, die Muster sollen ineinander übergehen – Sand harken zum meditativen Abschalten.

HERBST

Leuchtende Blätter und Beeren

VON SEPTEMBER BIS NOVEMBER IST ERNTEZEIT. DER HERBST BESCHENKT UNS MIT SEINEM REICHHALTIGEN ANGEBOT AN FRÜCHTEN. WEISSDORN UND SCHLEHEN SIND NUN REIF, DIE PILZE SPRIESSEN AUS DEM BODEN UND VON DEN BÄUMEN FALLEN BUNT GEFÄRBTE BLÄTTER.

[a]

SO *gelingt's* SICHER

[a] GUT GETROCKNET Achten Sie darauf, dass die Samen völlig durchgetrocknet sind. Wenn sie noch etwas Feuchtigkeit enthalten, können sie in einem verschlossenen Glas anfangen zu schimmeln. Vorsichtshalber noch einmal auf dem Trockenrahmen ausbreiten und gut durchtrocknen lassen.

WILDER PFEFFER
aus Wasserpfeffer-Samen

FLOHPFEFFER, PFEFFERKNÖTERICH, PFEFFERKRAUT ODER SCHARFKRAUT – BEI DEM NAMEN IST DOCH ALLES KLAR. DIESE EINGEBÜRGERTE WILDPFLANZE IST SCHARF UND PFEFFRIG UND EIN TOLLER LIEFERANT FÜR HEIMISCHEN PFEFFER.

Zutaten für 100 g

100 g Pfefferknöterich-Samen

Besonderes Werkzeug
- Schraubglas

Zeitbedarf
- Sammeln
- 10 Minuten

So geht's

1. Pfefferknöterich wächst gerne an feuchten Standorten in der Nähe von Bächen, Flüssen oder Seen. Die Pflanzen blühen vor allem zwischen Juni und Oktober. Kurz nach der Blüte bilden sich die Samen, welche als Pfeffer-Ersatz genutzt werden können.
2. Die Samen des Wasserpfeffers sind zwischen 2–4 mm groß und haben eine matte Oberfläche, sie sind dunkelbraun bis mattschwarz.
3. Nach dem Sammeln der Nussfrüchte müssen die Samen noch von den trockenen Blütenhüllen befreit werden, die noch an ihnen haften. Dazu die Samen in einen Baumwollbeutel geben und zubinden. Den Beutel gründlich kneten, damit sich die Samen von den pergamentartigen Hüllen lösen.
4. Alles zusammen aus dem Stoffbeutel auf einen großen Teller oder ein Tablett schütten und vorsichtig über die Samen pusten, damit die leichteren Blütenhüllen davonfliegen.
5. Die gut getrockneten Samenkörner [→a] in ein dicht schließendes Glas füllen.

SCHARFE BLÄTTER Auch die Blätter des Pfefferknöterich schmecken scharf und können zum Würzen von Speisen verwendet werden. Vor allem in der japanischen Küche werden sie gerne zur Dekoration verwendet.

SCHLEHENLIKÖR
mit feiner Vanille

DIE FRÜCHTE DER SCHLEHE SIND SEHR VITAMINREICH UND NACH DEM ERSTEN FROST SCHMECKEN SIE BESONDERS GUT.

Zutaten für 1,4 Liter

400 g Schlehen
1 Vanilleschote
500 g weißer Kandis
1,4 l Korn

Besonderes Werkzeug
- große Glasflasche mit weitem Hals
- dekorative Flaschen

Zeitbedarf
- 20 Minuten
- 8 Wochen ziehen lassen

So geht's

1. Die Schlehenfrüchte werden nach dem ersten Frost geerntet [→a]. Durch die Frosteinwirkung werden sie milder im Geschmack [→b].
2. Die Schlehen gründlich sortieren und unter fließendem Wasser gut waschen. Die Vanilleschote längs halbieren und das Vanillemark mit dem Messerrücken auskratzen. Die Früchte in die Glasflasche füllen, anschließend den Kandis, die Vanilleschote und das Vanillemark zugeben und mit dem Schnaps übergießen.
3. Den Liköransatz gut verschließen und bei Zimmertemperatur etwa 8 Wochen ziehen lassen. Ab und zu die Flasche etwas schütteln, damit sich der Zucker besser auflöst.
4. Zum Verschenken den Likör durch ein Sieb gießen und in schöne, sterilisierte Flaschen füllen.

SO SCHMECKT'S AUCH Auf die gleiche Weise können Sie auch aus anderen Früchten oder aromatischen Kräutern weitere Liköre herstellen.

[a]

SO gelingt's SICHER

[a] SCHLEHEN werden auch Schwarzdorn genannt, weil die Sträucher viele spitze Dornen haben. Also beim Sammeln der Früchte am besten alte Kleidung und Handschuhe tragen und gut auf die Dornen achten, sonst macht das Sammeln keinen Spaß.

[b] EINFRIEREN Wer die reifen Früchte schon vor dem ersten Frost pflücken möchte, kann dies auch tun, muss sie aber etwa 1 – 2 Wochen einfrieren. Der Likör wird dann wie beschrieben zubereitet und die gefrorenen Früchte mit dem Schnaps übergossen.

SCHWIMMENDE EICHELN MÜSSEN AUSSORTIERT WERDEN

[a]

SO *gelingt's* SICHER

[b] EICHELN enthalten viel Gerbsäure, die durch dieses Verfahren ausgespült wird. Ohne das Wässern wäre das Eichelmehl später ungenießbar bitter.

EICHELMEHL

würzig zum Backen

IN ARMEN ZEITEN WAREN EICHELN ALS KAFFEE- UND MEHLERSATZ SEHR BEGEHRT. UND WENIGE BAUMFRÜCHTE SIND SO EINFACH ZU FINDEN WIE EICHELN: LOS GEHT'S!

Zutaten für 400 g

1 kg Eicheln

Besonderes Werkzeug

- Sieb
- Nussknacker
- Mixer oder Mühle

Zeitbedarf

- 1,5 Stunden
- 2 – 3 Stunden trocknen

So geht's

1. Nur die größten, unversehrten Eicheln werden gesammelt. Die Eicheln gründlich waschen. Diejenigen, die oben auf dem Wasser schwimmen, werden aussortiert **[→a]**.
2. Die Eicheln auf ein Backblech geben. Bei 200 °C (Umluft 180 °C) 10 – 15 Minuten backen, bis sich die Schale langsam von den Früchten löst. Das Backblech aus dem Ofen nehmen und die Eicheln auskühlen lassen.
3. Die Schalen von den Früchten entfernen. Am besten mit einem Nussknacker die Schalen öffnen und die Kerne mit einem Teelöffelstiel herauslösen. Die Kerne in einen Topf mit kochendem Wasser geben. Alles zusammen zehn Minuten kochen lassen und dann abschütten. Diesen Vorgang mit frisch kochendem Wasser noch dreimal wiederholen **[→b]**.
4. Die abgekochten Eicheln grob hacken, wieder auf das Backblech geben und bei niedrigster Stufe (50 °C, am besten bei Umluft) gut trocknen lassen. Anschließend in der Mühle so fein wie möglich mahlen.

Die Variante

Eichelküchlein mit Möhre
150 g Möhren und 50 g Marzipan grob reiben. 150 g zerlassene Butter, 150 g Puderzucker, 1 Päckchen echten Vanillezucker und ¼ TL Salz miteinander verrühren. Nacheinander 3 Eier zugeben und unterrühren. Möhren und Marzipan untermischen sowie 150 g Mehl, 30 g Eichelmehl und 2 TL Weinstein-Backpulver. Den Teig in eine mit Papierförmchen ausgelegte Muffin-Form füllen und jeden Minikuchen mit jeweils einer Eichel als Dekoration belegen. Bei 180 °C (Umluft 160 °C) etwa 30 Minuten backen. Mit etwas Puderzucker bestäuben und verschenken.

VERWENDUNG **Das Eichelmehl hat einen leicht bitteren, würzigen Eigengeschmack. Ergänzen Sie Ihre Backrezepte mit 1 – 2 EL Eichelmehl, nehmen Sie aber nicht zu viel davon.**

NACHTKERZEN-WURZEL
süß-sauer eingelegt

IM VOLKSMUND HEISST DIESE WURZEL AUCH SCHINKENWURZEL, DA SIE SICH BEIM GAREN RÖTLICH VERFÄRBT. IHR GESCHMACK ERINNERT AN SCHWARZWURZELN.

Zutaten für 1 Liter

- 300 g Nachtkerzen-Wurzeln [→a]
- 350 ml heller Balsamico
- 350 ml Wasser
- 1 Stück Ingwer, walnussgroß
- 2 Lorbeerblätter
- 500 g Rohrzucker
- 1 EL Senfsamen
- 10 Pfefferkörner, schwarz

Besonderes Werkzeug
- Gemüsebürste
- kleine Einmachgläser

Zeitbedarf
- 1 Stunde

So geht's

1. Die Nachtkerzen-Wurzeln unter fließendem Wasser gründlich mit einer Gemüsebürste säubern. Die ganz feinen Nebenwurzeln abschneiden. Große Wurzeln längs so teilen, dass alle Stücke mehr oder weniger gleich dick sind und dadurch auch eine ähnliche Garzeit haben.
2. Die Wurzelstücke in kochendem Salzwasser etwa 5 – 10 Minuten köcheln, bis sie gar, aber noch bissfest sind.
3. Die gegarten Nachtkerzen-Wurzeln in frisch sterilisierte Einmachgläser schichten. Den Ingwer schälen, in dünne Scheiben schneiden und gleichmäßig auf die Einmachgläser verteilen.
4. Den Balsamico-Essig mit dem Wasser aufkochen, die Lorbeerblätter an den Rändern einreißen, mit Rohrzucker, Senfsamen und Pfefferkörnern zusammen in den Sud geben und in 15 Minuten etwas einkochen lassen. Die Lorbeerblätter entfernen, den kochenden Sud mit den restlichen Gewürzen über das Gemüse geben und die Gläser sofort dicht verschließen.

Die eingelegten Wurzeln halten sich etwa ein halbes Jahr, sie begeistern als Antipasti.

Die Variante

Eingekochte Nachtkerzen-Wurzeln
Nachtkerzen-Wurzeln und Ingwer wie beschrieben vorbereiten und roh in die Gläser füllen. Sud aus den angegebenen Zutaten herstellen, erhitzen, abkühlen lassen, über die Nachtkerzen-Wurzeln gießen und die Gläser verschließen. Gläser in die Fettpfanne des Backofens stellen, so dass sie sich nicht berühren, und die Fettpfanne ca. 2 cm hoch mit heißem Wasser füllen. Zusammen im Ofen auf 175 °C (kein Umluft!) erhitzen, bis Luftbläschen in den Gläsern aufsteigen. Dann den Ofen auf 150 °C herunterschalten und 10 – 15 Minuten einkochen.

SO *gelingt's* SICHER

[a] DEN STANDORT der Nachtkerze erkennen Sie von Herbst bis zum Frühling an der bodennahen Blattrosette. Ernten Sie nur die kleineren bis mittelgroßen Exemplare. Die ganz großen Pflanzen haben schon einen Sommer geblüht, die Wurzeln schmecken dann faserig und trocken.

[a]

WALDPILZE
machen den Herbst schmackhaft

PILZE BRAUCHEN WÄRME UND FEUCHTIGKEIT. AN EINEM WARMEN HERBSTTAG, WENN ES ZUVOR GEREGNET HAT, SCHIESSEN DIE PILZE ZAHLREICH AUS DEM BODEN.

IM HERBST
Pilzesuchen gehört zum Herbst einfach dazu. Raus in die Natur und der Sammelleidenschaft frönen. Wenn Sie eine gute Pilzstelle gefunden haben und das Wetter mitspielt, macht es besonders viel Spaß, aber auch wenn Sie nur wenig oder auch mal gar nichts finden. Ihre Suche hat Sie bestimmt an ganz neue Plätze geführt.

SAMMELN
Pilze leben in Symbiose mit ihrer Umgebung. Je nachdem, welche Sorte Sie suchen möchten, sollten Sie sich schon vorher überlegen, in welchen Wäldern Sie diese finden können. Steinpilze und Maronen wachsen meist in Nadelwäldern, Pfifferlinge sind in Laub- und Mischwäldern zu finden. Manche Pilzsorten lassen schon an ihren Namen erkennen, wo sie zu finden sind, wie z. B. der Birkenpilz. Andere Arten wachsen mit Vorliebe an geschädigten Bäumen wie der Austernpilz. Beziehen Sie also die Umgebung in Ihre Suche und Bestimmung mit ein.

BESTIMMEN
Geübte Pilzsammler wissen, was sie suchen, ungeübte Pilzsammler nehmen einen geübten Sammler mit oder ein sehr gutes Bestimmungsbuch. Zuerst wird der Fund an Ort und Stelle bestimmt. Äußerliche Merkmale, Umgebung, Nachbarpflanzen werden genau kontrolliert. Wenn Sie sich auch in nur einem Punkt unsicher sind, wird dieser Pilz nicht mitgenommen.

HERAUSDREHEN ODER ABSCHNEIDEN
Pilze vorsichtig am Stiel abschneiden oder aus dem Boden drehen und das entstandene Loch wieder mit etwas Erde verschließen, damit das unterirdische Myzel nicht austrocknet. Dann die Pilze an Ort und Stelle von groben Verunreinigungen befreien.

TRANSPORT
Pilze immer luftig und trocken transportieren. Das traditionelle Pilzkörbchen hat also Sinn, darin können die Pilze luftig liegen und schwitzen nicht. Noch besser ist es, wenn der Korb mit Papier oder einem Küchentuch ausgelegt wird. In einem Leinenbeutel können die Pilze zwar auch atmen, reiben jedoch aneinander und nehmen Sand und Schmutz der anderen Pilze mit auf. In einer luftdichten Plastiktüte sollten die Pilze auf keinen Fall gesammelt und transportiert werden.

VERARBEITEN
So schnell wie möglich sollten Sie Ihren Fund säubern und verarbeiten. Große Exemplare werden längs durchgeschnitten. Ist der Pilz stark von Maden befallen, wird er aussortiert. Die Pilze mit einem feuchten Küchentuch oder einem Pinsel säubern.

PILZBUTTER *mit Maronen*

DAS PERFEKTE MITBRINGSEL FÜR DAS HERBSTLICHE PARTYBUFFET. UND DIE MARONEN FÜR DIESE BUTTER SIND SOGAR SELBST GESAMMELT.

Zutaten für 250 g

- 250 g Sauerrahmbutter
- 2 Schalotten
- 5 Maronen
- 2 EL Cognac
- Meersalz
- Pfeffer aus der Mühle

Besonderes Werkzeug

- Backpapier

Zeitbedarf

- 20 Minuten

So geht's

1. Die Butter rechtzeitig aus dem Kühlschrank nehmen und bei Zimmertemperatur weich werden lassen. 1–2 EL davon in einer Pfanne bei mittlerer Hitze zum Schmelzen bringen. Die Schalotten schälen, fein würfeln und in der Butter anbräunen.
2. Die Maronen putzen. Zuerst die Röhren mit einem kleinen Messer von der Unterseite des Pilzes entfernen [→a]. Erde und Sand mit einem feuchten Tuch abreiben. Die Pilze in Scheiben schneiden, madige Stellen wegschneiden und aussortieren.
3. Die Pilze fein würfeln und zu den Butter-Schalotten geben. Bei mittlerer Hitze gut anbräunen und mit Cognac ablöschen. Die Flüssigkeit verkochen lassen, dann die Pfanne vom Herd nehmen und alles gut abkühlen lassen.
4. Die Pilzmischung zuerst mit Salz und Pfeffer kräftig würzen, dann mit der restlichen Butter verkneten. Auf das Backpapier geben, mit dem Papier etwas formen und darin einschlagen. Im Kühlschrank die Pilzbutter wieder fest werden lassen – fertig!

Im Kühlschrank kann man die Pilzbutter 3–4 Tage aufbewahren. Tiefgekühlt hält sich die Butter einige Monate.

SO *gelingt's* SICHER

[a] DIE RÖHREN der Maronen werden beim Kochen unangenehm schleimig. Deswegen vor der Zubereitung entfernen.

[c]

SO *gelingt's* SICHER

[a] PILZE NICHT WASCHEN, da sie sich schnell mit Wasser vollsaugen und dann ihren Geschmack verlieren.

[b] PILZE TROCKNEN Wer mehr Zeit hat, kann die Pilze an der Luft trocknen – das dauert mehrere Tage. Dafür die Pilzscheiben auf einen Faden auffädeln und luftig aufhängen. Die Pilzscheiben sollen sich dabei nicht berühren.

[c] PILZSCHEIBEN Legen Sie einige getrocknete Pilzscheiben beiseite. Sie eignen sich später gut als hübsche Deko für das fertige Salz.

[b]

STEINPILZ-SALZ
waldig-würzig

STEINPILZE SIND DIE AROMA-WUNDER DES WALDES. NUR EIN KLEINES BISSCHEN GIBT FAST JEDEM GERICHT DEN RICHTIGEN GESCHMACK.

Zutaten für 250 g

3 frische Steinpilze

150 g Fleur de Sel

Besonderes Werkzeug
- elektrischer Mixer oder Mörser
- Glas oder Dose

Zeitbedarf
- 6 Stunden trocknen
- 10 Minuten

So geht's

1. Die Steinpilze gründlich putzen [→a]. Mit einem kleinen Messer werden Nadeln, schadhafte Stellen und grobe Verunreinigungen entfernt. Feinere Putzarbeiten werden am besten mit einer Pilzbürste oder einem leicht angefeuchteten Küchentuch erledigt.
2. Die Steinpilze in Scheiben schneiden und gründlich trocknen lassen. Dazu legen Sie die Pilze auf ein Backblech mit Backpapier. Bei 50 °C (Umluft) im Backofen trocknen, bis die Pilze schön leicht und trocken sind. Klemmen Sie immer wieder für kurze Zeit einen Holzkochlöffel zwischen die Ofentür, so kann die Feuchtigkeit entweichen.
3. Die gut getrockneten Steinpilz-Scheiben [→c] mit einem Teelöffel Fleur de Sel im Mixer oder mit dem Mörser fein zermahlen. Anschließend wird das restliche Salz mit dem Pilzpulver gut vermischt und in kleine Gläschen oder Dosen abgefüllt. Dunkel gelagert hält sich das herrliche Steinpilz-Aroma am besten.

DER STEINPILZ hat seinen Namen wegen seines Gewichtes und seiner Konsistenz. Er ist sehr fest und wiegt viel. Um den Fund zuverlässig zu bestimmen, empfehle ich ein gutes Bestimmungsbuch für Pilze (siehe Seite 136) oder Sie machen eine angeleitete Pilzführung mit.

HAGEBUTTEN-KRANZ

wunderbare Herbst-Dekoration

AUCH WENN DIE HUNDSROSE VERBLÜHT IST, BEGEISTERT SIE UNS IMMER NOCH MIT IHREN STRAHLEND ROTEN FRÜCHTEN.

Zutaten für 1 Kranz

- 1 Kranz-Rohling aus Stroh
- Hagebuttenzweige **[→a]**
- Garn oder Draht
- Stoffband

Besonderes Werkzeug

- feste Rosenhandschuhe
- Gartenschere

Zeitbedarf

- 30 – 45 Minuten

So geht's

1. Die großen gesammelten Zweige werden zu kurzen, ca. 6 – 7 cm langen Zweiglein zurechtgeschnitten. Die Zweiglein werden dann zu kleinen Sträußchen zusammengefasst **[→b]** und mit dem Draht fest und dicht um die obere Seite und die angrenzenden seitlichen Teile des Rohlings gebunden.
2. So geht es immer weiter. Dabei werden die Hagebuttenbüschel schuppenartig um den Rohling gebunden. Die Hagebutten liegen auf der Bindestelle der zuletzt aufgebundenen Zweige und verdecken diese dadurch. Die Stielenden verschwinden unter den neu aufgebundenen Hagebutten.
3. Um den fertigen Kranz ein farblich passendes Stoffband legen, mit dem diese wunderschön leuchtende Dekoration später an der Wand oder Tür aufgehängt werden kann.

LECKER FÜR VÖGEL **Wer den Kranz im Winter aussortieren möchte, kann ihn dann nach draußen in den Garten oder auf den Balkon legen. Die Früchte dienen bei Schnee und Eis den Vögeln als vitaminreiches Futter.**

SO *gelingt's* SICHER

[a] GANZ SCHÖN STACHELIG Wer empfindliche Hände hat sollte beim Sammeln der Hagebutten und auch beim Kranzbinden gute, dornenfeste Handschuhe tragen. Sonst geht es nicht ohne den einen oder anderen Kratzer ab.

[b]

[a]

SO *gelingt's* SICHER

[a] REIFE BEEREN Sammeln Sie für das Gelee nur ganz reife Beeren. Sie erkennen sie daran, dass sie so richtig schön tiefrot sind.

[a]

WEISSDORN-GELEE
mit Birnensaft

WENN DER WEISSDORN IM FRÜHLING BLÜHT, FÄLLT ER SOFORT INS AUGE. MERKEN SIE SICH DEN STANDORT DER STRÄUCHER FÜR DIE ERNTE IM HERBST.

Zutaten für ca. 1 kg

- 800 g Weißdornbeeren
- 400 ml klarer Birnensaft
- Saft von 1 Zitrone
- 500 g Gelierzucker 2 : 1

Besonderes Werkzeug

- Dampfentsafter
- Passiertuch oder feines Sieb
- Gläser

Zeitbedarf

- 40 Minuten entsaften
- 20 Minuten

So geht's

1. Die Weißdornbeeren **[→a]** entweder im Dampfentsafter entsaften oder knapp mit Wasser bedeckt kochen und den Saft durch ein Passiertuch oder Sieb gut ablaufen lassen und auffangen.
2. Den Weißdornsaft etwas abkühlen lassen und 400 ml davon abmessen. Den frischen Saft zusammen mit Birnen- und Zitronensaft in einen Topf geben und den Gelierzucker zugeben. Die Mischung erhitzen und 4 Minuten oder nach Packungsanweisung sprudelnd kochen lassen. Eine Gelierprobe machen (siehe Seite 12/13).
3. Gelee in sterilisierte Gläser abfüllen und sofort gut verschließen.

Die Variante

Weißdorn-Apfelmus
600 g Äpfel schälen, entkernen und kleinschneiden. 300 g Weißdornbeeren entstielen und alles zusammen mit dem Saft von einer Zitrone und 200 ml Apfelsaft in einen Topf geben. ½ Zimtstange und 80 g Zucker zufügen und bei mittlerer Hitze in etwa 15 Minuten weich kochen. Zimtstange entfernen und die Früchte durch ein feines Sieb oder mit der Flotten Lotte passieren. Das Mus noch einmal erhitzen, in frisch sterilisierte Gläser füllen und sofort verschließen.

GUT FÜR'S HERZ **Dieses Geschenk kommt nicht nur von Herzen, es ist auch gut für das Herz. Weißdorn enthält Wirkstoffe, die das Herz stärken und beruhigen.**

SAMEN-BRIEFCHEN *aus Wildpflanzen*

WILDE BLUMEN HABEN WUNDERSCHÖNE BLÜTEN, ÜBER DIE SICH AUCH GARTENBESITZER FREUEN. SCHENKEN SIE FRÜHLINGSVORFREUDE.

Zutaten für 5 Samenbriefchen

- je 1 TL wild gesammelte Blumen- und Kräutersamen, z. B. Veilchen, Kornblume, Klatschmohn, Glockenblume, Johanniskraut, Klatschnelke, Malve, Primel, Akelei, Weidenröschen etc.
- Pergamentpapier
- Packpapier
- buntes Nähgarn

Besonderes Werkzeug

- Nähmaschine

Zeitbedarf

- 30 Minuten

So geht's

1. Merken Sie sich zur Blütezeit die Standorte der Wildblumen oder Wildkräuter, deren Samen Sie im Herbst gerne ernten wollen. Sobald die Blumen verblüht sind, ist es manchmal gar nicht mehr so leicht, ihren Platz wiederzufinden.
2. Wenn die Samenkapseln trocken aussehen und rascheln, kann mit der Samenernte begonnen werden [→a].
3. Bei den meisten Blüten können Sie die Samen einfach ausschütten, andere haben eine Samenhülle, welche erst entfernt werden muss. Achten Sie bei Wind darauf, dass die Samen nicht aus ihren Hüllen geweht werden, wenn Sie diese ernten.
4. Für die Briefchen Pergamentpapier in 10 Rechtecke schneiden (ca. 12 cm x 9 cm). Jeweils 2 Bögen mit der Nähmaschine an 3 Seiten zusammennähen.
5. Notieren Sie die Sortennamen auf kleinen Streifen aus Packpapier. Füllen Sie die Samen in die Tütchen und nähen Sie diese komplett zu, das Namensetikett wird dabei mit angenäht.

SO *gelingt's* SICHER

[a] MASSVOLL ERNTEN Bitte ernten Sie nicht zu viele Samen und immer nur so viele, wie Sie wirklich benötigen. Nur dann können Sie die schönen Blüten an ihren wilden Standorten auch weiterhin bewundern.

[a]

[b]

SO *gelingt's* SICHER

[a] ZUSÄGEN Die Stücke können auf unterschiedliche Längen von 7 cm bis zu 20 cm geschnitten werden.

[b] ANBOHREN Das Bohrungszentrum ist der innerste Jahresring. Dadurch muss das Bohrloch nicht unbedingt in der Mitte des Holzes sitzen, das sieht schön organisch aus.

NACH STÜRMEN LIEGEN MANCHMAL DICKE ÄSTE ODER DÜNNE STÄMME AM WEGESRAND

BAUMLICHTER
aus Birkenholz

ETWAS SÄGEN UND BOHREN UND SCHON SIND DIESE TEELICHTHALTER FERTIG, DENN DIE DEKORATIVE GESTALTUNG LIEFERT DIE NATUR SCHON FERTIG MIT.

Zutaten für 5 Stück

- ca. 1 m Birkenstamm (⌀ ca. 8 cm)
- grobes Schleifpapier
- Forstner-Bohrer (⌀ 45 mm)
- Teelichter

Besonderes Werkzeug

- Bohrmaschine
- Holzsäge
- Arbeitshandschuhe
- Schleifpapier

Zeitbedarf

- 1 Stunde

So geht's

1. Etwa 0,5 – 1 m Birkenäste reichen aus, um diese Teelichthalter herzustellen.
2. Mit der Holzsäge wird der Birkenstamm in unterschiedlich lange Teile gesägt [→a].
3. Die geradere Schnittkante wird die Unterseite des Teelichthalters, die andere Seite bekommt das Bohrloch für das Teelicht.
4. Platzieren Sie die Mitte des Forstner-Bohrers am besten in der gewachsenen Mitte des Stammes [→b]. Das Bohren ist ziemlich anstrengend, denn es muss recht viel Kraft aufgewendet werden. Am besten mit Arbeitshandschuhen arbeiten. Immer mal wieder die Teelichter einsetzen, um die richtige Tiefe zu ermitteln.
5. Anschließend wird mit dem Schleifpapier die obere Schnittfläche leicht geglättet.

SCHÖN ARRANGIERT Die Baumlichter wirken in einer Gruppe am schönsten. Verschenken Sie daher am besten mindestens drei davon, möglichst in unterschiedlichen Größen.

BLÄTTER-MOBILE
aus bunten Herbstblättern

DIE BUNTE BLÄTTERVIELFALT IM HERBST MUSS DOCH EINFACH AUFGESAMMELT WERDEN. ALS MOBILE BEKOMMT SIE EINEN SCHÖNEN PLATZ IN DER WOHNUNG.

Zutaten für 1 Mobile

- ca. 200 g gebleichtes Bienenwachs
- bunte Herbstblätter
- 1 trockener Ast
- Baumwollfaden
- stabiler Nylonfaden

Besonderes Werkzeug
- 2 Kochtöpfe
- Wäscheklammern
- Wäscheleine
- Nadel

Zeitbedarf
- 1 Stunde

So geht's

1. Schmelzen Sie das Wachs über dem Wasserbad. Das Wachs darf nicht kochen und nicht zu heiß werden. Halten Sie die bunten Blätter am Blattstiel und tauchen Sie diese in das flüssige Wachs. Das Wachs etwas abtropfen lassen. Die Blätter können Sie zum Trocknen gut mit Wäscheklammern auf eine Wäscheleine hängen. Falls nötig, können Sie die Wachsblätter auch noch ein zweites Mal tauchen.
2. Legen Sie den Ast auf einen Tisch und arrangieren Sie die Blätter in der beabsichtigten Anordnung. So können Sie schon vorher in etwa austesten, wie die Blätter miteinander harmonieren und in welchen Abständen sie später hängen sollen.
3. Nun werden die Blätter mit Nadel und Faden aneinander befestigt. An den Blattstielen müssen Sie den Faden nicht mit der Nadel durchfädeln, sondern können ganz einfach den Stiel anknoten.
4. Knoten Sie Blatt an Faden und Faden an Blatt bis die gewünschte Lauflänge erreicht ist. Das oberste Blatt der Blattschlange wird mit einem Faden an den Ast geknotet.
5. Erstellen Sie auf diese Weise mehrere Blätterschlangen, die alle an den Ast geknotet werden.
6. Als Astaufhängung dient der Nylonfaden, der an den Astenden befestigt wird.

WÜRZIGER FETA
mit Erikablüten

IM SEPTEMBER BLÜHT DIE HEIDE. SAMMELN SIE NUN ERIKABLÜTEN FÜR DIESEN KÖSTLICHEN, HERBSTLICH-WÜRZIGEN FETAKÄSE.

Zutaten für 500 ml

- 250 g Feta aus Schafmilch
- 1 kleiner Zweig Thymian
- 2 TL Erikablüten
- 1 TL schwarze Pfefferkörner
- ½ frische Knoblauchzehe
- ½ TL Meersalz
- ca. 400 ml fruchtiges Olivenöl

Besonderes Werkzeug
- Einmachglas

Zeitbedarf
- 15 Minuten
- 3 Tage durchziehen

So geht's

1. Den Fetakäse auf Küchenkrepp so gut wie möglich abtrocknen und in 1 cm große Würfel schneiden. Die eine Hälfte in das Glas geben, den Thymianzweig in die Mitte legen und mit den restlichen Käsewürfeln bedecken.
2. Die Erikablüten sollen so trocken wie möglich sein. Am besten schon einen Tag vor der Zubereitung sammeln und zu Hause auf einem Küchentuch luftig ausbreiten. Verwenden Sie nur Blüten aus der Natur oder dem eigenen Garten. Erikablüten aus der Gärtnerei sind gespritzt und manchmal sogar gefärbt und nicht zum Verzehr geeignet.
3. Die Pfefferkörner im Mörser grob zerstoßen, den Knoblauch in feine Scheiben schneiden. Die Gewürze zusammen mit den Erikablüten in einem Gefäß mischen und mit dem Olivenöl aufgießen.
4. Mit dem Salz würzen und die Öl-Mischung über den Feta gießen, bis der Käse ganz mit Öl bedeckt ist.
5. Der Käse sollte vor dem Verschenken 3 Tage im Kühlschrank durchziehen. Wenn er immer mit Öl bedeckt ist, hält er sich im Kühlschrank mindestens eine Woche.

DAS SCHMECKT DAZU **Der Käse schmeckt gut zu frischem Bauernbrot. Er passt aber auch in einen knackigen Salat aus Feldsalat und Radicchio, zu Pasta oder als Topping für eine herbstliche Kürbissuppe.**

SO *gelingt's* SICHER

[a] ALTES BUCH Nehmen Sie am besten ein altes Buch, das nicht wertvoll ist. Durch die Feuchtigkeit in den Blättern können sich die Seiten des Buches wellen oder die Druckfarbe sich lösen.

[b] NÄHEN Achten sie beim Nähen darauf, nicht über die Blätter zu nähen, da diese schnell brechen können.

BRIEFKARTEN-SET
mit Herbstblättern

SELBST GEMACHTE KARTEN SIND VIEL SCHÖNER ALS GEKAUFTE UND GRUSS-BOTSCHAFTEN BEKOMMEN SO EINE GANZ PERSÖNLICHE NOTE.

Zutaten für 10 Stück

- 10 bunte Blätter
- 10 Klappkarten mit passenden Umschlägen
- weißes Pergamentpapier
- Stempel und Stempelfarbe
- Fotokarton
- Nähgarn
- Geschenkband

Besonderes Werkzeug

- altes, dickes Buch
- Nähmaschine
- flüssiger Klebstoff

Zeitbedarf

- 4 Tage pressen
- 1 – 2 Stunden

So geht's

1. Sammeln Sie 10 schöne, bunte Blätter, die nicht größer als die später verwendeten Karten sein sollen. Wenn es ganz kleine Blätter sind, können es auch mehr sein.
2. Die bunten Blätter in ein altes, dickes Buch [→a] legen und so lange pressen, bis diese ganz durchgetrocknet sind.
3. Die gepressten Blätter auf die Briefkarten kleben, dabei das untere Drittel der Karte frei lassen. Aus dem Fotokarton kleine Schildchen schneiden, die mit unterschiedlichen Kartenwünschen wie „Herzlichen Glückwunsch", „Viel Glück", „Gute Besserung", „Viele Grüße" etc. bestempelt oder beschriftet werden.
4. Die Klappkarten öffnen und aus dem Pergamentpapier in der einfachen Breite der Karten einen etwa 3 – 4 cm breiten Streifen ausschneiden.
5. Den Papierstreifen vorne auf das untere Drittel der Karte legen, die gestempelten Kärtchen darauf positionieren. Das Papier kann etwas über die aufgeklebten Blätter reichen.
6. Mit der Nähmaschine in der Mitte des Pergamentpapier-Streifens von links nach rechts durchnähen, so dass das beschriftete Kärtchen dabei ebenfalls an der Karte festgenäht wird [→b].
7. Alle Karten und Umschläge mit dem Geschenkband zusammenbinden und in einer schönen Schachtel verpackt verschenken.

BLATTLICHTER
mit bunten Blättern

WENN DIE BUNTEN BLÄTTER TAGSÜBER IN DER HERBSTSONNE SCHON LEUCHTEN, SO LEUCHTEN SIE ABENDS IM KERZENSCHEIN FAST NOCH SCHÖNER.

Zutaten für 3 Lichter

- 3 runde, flache Camembert-Schachteln (Hälften)
- Aquarellpapier
- helle Wachsreste
- bunte Blätter
- 3 Teelichter

Besonderes Werkzeug

- 2 Kochtöpfe
- Schere
- Maßband oder Lineal

Zeitbedarf

- 1 Stunde

So geht's

1. Die Camembert-Schachteln werden später die Böden der Lichter.
2. Das Aquarellpapier so abmessen, dass es einmal, wie ein Zylinder, um den Boden gewickelt werden kann. Etwa 3 cm Länge zugeben, damit Sie Anfang und Ende später zusammenkleben können. Je nachdem, wie hoch die Lichter später werden sollen, wird der Papierstreifen auf etwa 15 – 20 cm Höhe geschnitten.
3. Die Wachsreste in einem Topf über dem Wasserbad vorsichtig schmelzen **[→a]**. Das Aquarell-Papier in das flüssige Wachs tauchen **[→b]**, um die Käseschachtel legen und die Naht mit dem noch flüssigen Wachs verkleben. Hier kann eine weitere helfende Hand nicht schaden. Falls das Papier noch nicht richtig kleben will, etwas flüssiges Wachs mit einem Teelöffel zwischen die Naht träufeln und schnell festdrücken, sonst kann sich der Zylinder auch wieder öffnen.
4. Die bunten Blätter am Stiel halten, kurz in das flüssige Wachs tauchen und von außen auf den Papier-Wachs-Zylinder dekorativ auflegen **[→c]**. Kurz warten, dann sitzen die Blätter fest auf dem gewachsten Papier.

BRANDSCHUTZ **Die Lichter immer auf eine feuerfeste Unterlage stellen. Sollte das Wachs anfangen zu brennen, niemals mit Wasser löschen, sondern den Brand mit einem großen Topfdeckel ersticken!**

SO *gelingt's* SICHER

[a] HEISSES WACHS Vorsicht vor heißem Kerzenwachs, es kann anfangen zu dampfen (die Dämpfe können gesundheitsschädlich sein) und die Dämpfe können sich von alleine entzünden! Die sicherste Methode ist das Schmelzen über dem Wasserbad. Es darf dabei kein Wasser in das Wachs gelangen. Das Schmelzen dauert zwar etwas länger, so kann das Wachs aber nicht überhitzen.

[b]

[c]

[a]

SO *gelingt's* SICHER

[a] HANDSCHUHE TRAGEN Nicht nur bei der Ernte, auch bei der Arbeit mit den getrockneten Brennnesseln sollten Sie Handschuhe tragen, denn die feinen Ästchen, an denen die Samen hängen, können ganz schön pieksen.

[b] NÜSSCHEN VERLESEN Streifen Sie Samen und Blätter grob ab und geben Sie alles zusammen in ein Sieb. Hängen Sie das Sieb über eine Schüssel, die Nüsschen fallen dann durch das Sieb dort hinein.

BRENNNESSEL-NÜSSCHEN
kleine Knusperchen

DIE WUCHERNDE BRENNNESSEL STECKT VOLLER GUTER INHALTSSTOFFE UND DABEI WÄCHST DIESE SUPERPFLANZE AUCH NOCH ÜBERALL.

Zutaten für 100 g

ca. 40 Brennnesselspitzen mit Samenrispen

Besonderes Werkzeug
- Handschuhe zum Pflücken
- Handschuhe
- mittelfeines Sieb

Zeitbedarf
- 10 Minuten

So geht's

1. Im September werden die reifen Brennnesselsamen geerntet. Achten Sie darauf, dass Sie beim Sammeln Handschuhe tragen **[→a]**, denn auch wenn nur die Samen geerntet werden, berührt man doch ganz schön oft auch den brennenden Teil der Pflanze.
2. Die Samenstände sind die langen Rispen, welche oben an den Pflanzenspitzen herabhängen. Die Samen sind reif, wenn sie nicht mehr ganz grün sind, sondern sich leicht gelblich verfärbt haben. Schneiden Sie mit der Schere die Rispen oder den oberen Teil der Pflanze mit den Samenrispen ab.
3. Zu Hause die Ernte auf einem Trockentuch oder Backblech ausbreiten und 2–3 Tage trocknen lassen, damit keine Feuchtigkeit mehr enthalten ist. Dann können Sie die kleinen Nüssen mit den Fingern in Ruhe abstreifen und dann verlesen **[→b]**.

Am besten halten sich die Nüsschen gut verschlossen in Einmachgläsern.

Die Variante

Früchtequark mit Brennnesselsamen
500 g Sahnequark mit 4 EL Milch, 1 Päckchen Bourbon-Vanillezucker und 1–2 EL Rohrzucker nach Belieben glatt rühren. 200 g Obst der Saison putzen und kleinschneiden und unter den Quark heben. 1 EL Brennnesselsamen in einer kleinen Pfanne ohne Fett leicht anrösten und über den Früchtequark streuen.

VERWENDUNG **Die Brennessel-Nüsschen passen immer dann gut dazu, wenn es knusprig-nussig sein darf: wie beschrieben über Quarkspeisen und Desserts, aber auch als Topping für Suppen und Salate oder im Müsli.**

WINTER

Duftende Nadeln und Zapfen

IM WINTER WERDEN DIE MEISTEN NATURGESCHENKE AUS DEN GESAMMELTEN VORRÄTEN DES JAHRES HERGESTELLT. ABER EIN PAAR PFLANZEN WIE MOOSE UND NADELBÄUME HALTEN AUCH NOCH BEI EISESKÄLTE UNBEEINDRUCKT DIE STELLUNG.

MARONENKUCHEN

mit Vanille und Zimt

DIE MARONEN ODER AUCH ESSKASTANIEN FÜR DIESEN KUCHEN WERDEN IM HERBST GESAMMELT UND WARTEN IM EISFACH AUF IHREN WINTERLICHEN EINSATZ.

Zutaten

- 200 g Maronen (Esskastanien)
- 50 ml Vollmilch
- 175 g weiche Butter
- 160 g Rohrzucker
- 1 Prise Salz
- 5 Bio-Eier
- 150 g helles Dinkelmehl
- 2 TL Weinstein-Backpulver
- 1 Vanillestange
- ½ TL Zimt

Besonderes Werkzeug

- Dämpfeinsatz
- Pürierstab oder Mixer
- Handrührgerät
- Gugelhupf- oder Napfkuchenform

Zeitbedarf

- 50 Minuten
- 50 Minuten backen

So geht's

1. Die Maronen [→a] mit einem kleinen, scharfen Messer an der Unterseite kreuzweise einritzen und in kochendem Wasser etwa 5–7 Minuten garen, bis sich die Schale lösen lässt. Maronen in ein Sieb geben, kurz mit kaltem Wasser etwas abkühlen, dann noch heiß die Schale und die braune Haut ablösen.
2. Die Maronen in einem Dämpfeinsatz etwa 30 Minuten über Wasserdampf garen, bis sie schön weich sind. Mit der Milch im Mixer so fein wie möglich pürieren.
3. Den Backofen auf 180 °C vorheizen (Umluft 160 °C). Die Backform mit etwas Butter einfetten.
4. Butter, Rohrzucker und Salz mit den Quirlen des Handrührers cremig rühren. Die Vanillestange längs halbieren, das Vanillemark mit dem Messerrücken auskratzen und mit dem Zimt zu der Butter-Zucker-Mischung geben. Die Eier eins nach dem anderen aufschlagen und unterrühren.
5. Mehl und Weinstein-Backpulver vermischen. Erst das Maronenpüree, dann die Mehlmischung unter die Buttermasse rühren.
6. Den Teig in die vorbereitete Backform füllen und in der Ofenmitte 50–55 Minuten backen.

SO *gelingt's* SICHER

[a] MARONEN verderben schnell. Nach dem Sammeln werden die Maronen aussortiert, die Schadstellen erkennen lassen, dann werden sie in kaltem Wasser gewaschen. Alle Früchte, die an der Wasseroberfläche schwimmen, ebenfalls aussortieren. Am besten werden die Maronen dann wie im Rezept beschrieben geschält und eingefroren.

SO *gelingt's* SICHER

[a] VORSICHT, der Zucker verbrennt schnell. Die Pfanne deshalb nicht zu stark erhitzen. Arbeiten Sie bei mittlerer bis kleiner Hitze und geben Sie die Nüsse schnell auf das Backpapier, wenn es zu heiß wird.

[a]

KNUSPERNÜSSE

süß und würzig

FRISCH GERÖSTET – AN EINEM KALTEN WINTERABEND VOR DEM KAMIN – SCHMECKEN DIESE SÜSS-WÜRZIGEN NÜSSE BESONDERS GUT.

Zutaten für 4 Portionen

- 250 g gemischte Nüsse (Walnüsse, Haselnüsse)
- 4 EL Roh-Rohrzucker
- ½ TL Meersalz
- 1 TL Currypulver
- 1 TL edelsüßes Paprikapulver
- Chilipulver, nach Belieben

Zeitbedarf

- 30 Minuten

So geht's

1. Die Nüsse aus ihrer Schale lösen und vermischen.
2. Den Roh-Rohrzucker gleichmäßig in eine Pfanne streuen und bei mittlerer Hitze langsam schmelzen lassen. Die Gewürze mit dem Salz vermischen.
3. Wenn der Zucker geschmolzen ist, schnell die Gewürze unterrühren und die Nüsse in die Pfanne geben. Weiterrühren, bis der Zucker wieder zu schmelzen beginnt [→a].
4. Die Nüsse gleichmäßig karamellisieren. Auf ein Backpapier geben und zum Auskühlen am besten mit 2 Holz-Kochlöffeln auseinanderziehen, damit sie nicht zusammenkleben.

Die Variante

Gewürzte Bucheckern
Die Bucheckern aus ihrer Schale lösen und mit kochendem Wasser übergießen. Die Eckern, welche auf dem Wasser schwimmen, werden aussortiert. Nach ein paar Minuten Wartezeit die Früchte in ein Sieb abgießen und kurz kalt abbrausen. Die braunen Häutchen von den Bucheckern ablösen. Die Eckern in eine Pfanne geben und bei mittlerer Hitze anrösten, bis sie leicht duften. Dann wie im Rezept beschrieben die Eckern zubereiten. Achtung! Bucheckern enthalten den Stoff Fagin, welcher schwach giftig ist. Deshalb müssen die Eckern vor dem Verzehr geröstet werden. Dadurch wird der Giftstoff, der Bauchschmerzen verursachen kann, abgebaut.

ERKÄLTUNGS-TEE

tut gut bei Husten

WER DAS GANZE JAHR ÜBER DIE ZUTATEN FÜR DIESEN WINTERTEE SAMMELT, KANN IHN DANN PASSEND ZUR SCHNUPFENZEIT VERSCHENKEN.

Zutaten für 200 g

- 50 g Lindenblüten, getrocknet
- 50 g Kamillenblüten, getrocknet
- 50 g Breitwegerichblätter, getrocknet
- 50 g Fenchelsamen, getrocknet

Besonderes Werkzeug

- dunkle Gläser oder Dosen

Zeitbedarf

- 10 Minuten

So geht's

1. Die Zutaten für den Erkältungstee werden schon das ganze Jahr über in der Natur gesammelt. Die Lindenblüten zu Beginn des Sommers. Die verschiedenen Lindenarten blühen zeitlich versetzt: Die Sommerlinde blüht je nach Wetterlage ab Anfang Juni, etwa 2 Wochen später beginnt die Winterlinde zu blühen. Geerntet werden die kleinen, gelben Blüten samt dem Hochblatt.
2. Kamille **[→a]** und Breitwegerichblätter **[→b]** können den ganzen Sommer über geerntet werden. Die Fenchelsamen werden im Garten geerntet oder im Bioladen dazugekauft.
3. Die getrockneten Blätter und Blüten werden in gut verschließbaren, dunklen Gläsern gelagert. Geben Sie für die Teemischung dann alle Kräuter zusammen in eine Schüssel und vermischen Sie die Bestandteile gründlich miteinander. Breitwegerichblätter und Lindenblüten evtl. noch etwas zerkleinern. Dann kann der Tee zum Verschenken in Tüten oder Dosen abgefüllt werden.

ZUBEREITUNG **Pro Tasse 1 TL Teemischung mit sprudelnd kochendem Wasser übergießen. Abgedeckt muss der Tee 10 Minuten ziehen. Bei Bedarf kann der Tee mit etwas Honig gesüßt werden.**

SO *gelingt's* SICHER

[a] ECHTE KAMILLE erkennen Sie an ihrem typischen Duft. Wer sich ganz sicher sein will, teilt zur Kontrolle eine Blüte in der Mitte längs. Die echte Kamille hat am Boden einen Hohlraum.

[b] BREITWEGERICH ist mit seinen flach über dem Boden wachsenden Blättern eine extrem robuste Pflanze, die sich auch mal unter einem Rasenmäher wegduckt. In diesem Rezept können Sie ihn auch durch seinen schlankeren Bruder, den Spitzwegerich, ersetzen.

[b]

DIE KRÄUTER SCHON IM SOMMER SAMMELN

NADELBÄUME
auch im Winter grün

OHNE NADELBÄUME WÄREN UNSERE WINTERLICHEN WÄLDER GANZ SCHÖN TRIST UND KAHL. DOCH MIT IHREN ROBUSTEN NADELN SORGEN FICHTE, TANNE UND CO. FÜR HOFFNUNGSVOLLES GRÜN WÄHREND DER DUNKLEN JAHRESZEIT.

FICHTE

Der „Brotbaum" der Forstwirtschaft. Der schnell wachsende Nadelbaum hat sich durch Aufforstung zum häufigsten Baum unserer heimischen Wälder entwickelt. Die früher üblichen, für Schäden durch Borkenkäfer und Stürme anfälligen Fichten-Monokulturen weichen heute immer mehr Mischkulturen zum Beispiel mit Rotbuche.

Die Nadeln der Fichten sind kurz, spitz zulaufend und von einem satten Dunkelgrün. Aus den jungen, hellgrünen Nadeln lässt sich besonders gut das ätherische Öl extrahieren. Die reifen Zapfen sind trocken, holzig und hängen nach unten.

Im Winter stellt die Fichte Photosynthese und Atmung ein und befindet sich in der Winterruhe. So kann die Art bis zu minus 60 °C aushalten, da der Baum für den Winter Zucker anreichert und damit den Gefrierpunkt senkt.

KIEFER

Kiefernwälder sind hell und licht und duften oft besonders aromatisch. Kiefern haben lange, leicht bläuliche Nadeln, je nach Umgebung ist die Form der Kronen unterschiedlich.

Die Zapfen der Kiefern öffnen sich, wenn sie reif sind, und fallen dann heraus. Die Samen sind leicht und werden vor allem durch den Wind verbreitet. Kiefern werden als Holzlieferanten und zur Herstellung von ätherischem Öl genutzt. Das Öl wird für die Behandlung von Atemwegserkrankungen und Rheuma verwendet. Bei Erkältungen helfen Hustenbonbons oder Salbe mit Kiefernextrakt, die Beschwerden zu lindern. Einige Kiefernarten haben sehr große, essbare Samen wie die Zeder (Zedernüsse) oder die Pinie (Pinienkerne).

TANNE

In unseren Wäldern gibt es wenige Tannen. Sie sind empfindlicher als Fichten und wurden deshalb in der Vergangenheit kaum kultiviert. Schädlinge und Schadstoffe machen der Tanne besonders zu schaffen. Für einen Nadelbaum wurzelt die Tanne tief, dadurch ist sie sturmsicher und kann auch feuchtere Böden besiedeln. Die Nadeln der Tanne sind flach und haben eine rundere Spitze als Fichten. Tannenzapfen stehen aufrecht und werden bis zu 16 cm lang und ca. 4 cm dick. Ist der Zapfen reif, dann fallen erst die Samenschuppen ab, wodurch dann auch die Samen freigegeben werden. Die übrig bleibende Zapfenspindel kann noch einige Jahre am Baum verbleiben, bevor sie abfällt.

Als Heilmittel gegen Rheuma oder Erkrankungen der Atemwege werden das Tannenharz und die in den jungen Trieben enthaltenen ätherischen Öle verwendet.

SPRUDELNDE BADEKUGELN
mit Fichtenduft

DIESE PRICKELNDEN BADEKUGELN DUFTEN WUNDERBAR NACH WALD – GENAU DAS RICHTIGE, WENN MAN IM WINTER GANZ DURCHGEFROREN IST.

Zutaten für 4 – 5 Stück

- 200 g Natron
- 100 g Zitronensäure
- 15 g Sahnepulver
- 50 g Stärke
- 40 g Kakaobutter
- 15 Tropfen ätherisches Fichtenöl
- 4 – 5 kleine Fichtenzweige (ca. 1 cm)

Besonderes Werkzeug

- 2 kleine Metallschüsseln (ø ca. 5 cm)
- Einmalhandschuhe

Zeitbedarf

- 30 Minuten

So geht's

1. Natron, Zitronensäure, Sahnepulver und die Stärke in einer Rührschüssel vorsichtig mischen. Achten Sie darauf, dass die Zutaten nicht stauben, sie reizen die Atemwege.
2. Die Kakaobutter bei ganz milder Hitze in einem Topf schmelzen. Das Fichtenöl in die Kakaobutter tropfen und das Fett vorsichtig unter die Natron-Mischung rühren. Mit den Händen zügig verkneten **[→a]**. Wenn sich die Masse zu ölig anfühlt, noch etwas Stärke zugeben. Ist sie zu bröselig, kann noch etwas geschmolzene Kakaobutter zugegeben werden.
3. Nun den Fichtenzweig in eine kleine Schüssel legen **[→b]** und die Mischung einfüllen. Gut in die Form drücken. Die zweite Schüssel ebenfalls füllen, die Mischung gut andrücken und noch mehr davon auf beide Schalen häufeln. Dann die Schalen fest zusammendrücken, kurz warten und die fertige Badekugel mit einer leichten Drehbewegung aus der Form lösen **[→c]**. Auf Küchenpapier etwa 1 – 2 Stunden aushärten lassen. Gut verpacken.

LUFTDICHT VERPACKEN **Die fertigen Badekugeln sollten für die Lagerung möglichst luftdicht verpackt werden. Bei hoher Luftfeuchtigkeit beginnen sie ansonsten schon an der Oberfläche leicht zu sprudeln und das sieht dann nicht mehr ganz so schön aus.**

SO *gelingt's* SICHER

[a, b]

[c]

[a] EINMALHANDSCHUHE tragen, die Zutaten können in dieser konzentrierten Form die Haut reizen.

[c] AUS DER FORM LÖSEN Falls sich die fertige Badekugel nicht aus der Form lösen lässt, legen Sie alles zusammen für 20 Minuten in den Kühlschrank (nicht in das Gefrierfach), herausnehmen und kurz warten, dann sollte sich die Kugel ohne Probleme aus der Form lösen.

[a]

SO *gelingt's* SICHER

[a] HARZ SAMMELN Lösen Sie das Harz vorsichtig mit den Finger oder einem stumpfen Spatel vom Baum. Achten Sie darauf, dass Sie den Baum dabei nicht verletzen.

[b] ABKÜHLEN LASSEN Lassen Sie die Dosen geöffnet, bis die Salbe ganz abgekühlt ist. So kann sich Feuchtigkeit an der Oberfläche absetzen und verdunsten. Der Balsam hält sich dann besser.

[b]

FICHTENHARZ-SALBE
mit Bienenwachs

DIE ÄTHERISCHEN ÖLE IM FICHTENHARZ HELFEN BEI KLEINEN WEHWEHCHEN UND TUN BEI ERKÄLTUNG UND HUSTEN RICHTIG GUT.

Zutaten für 150 g

- 25 g Fichtenharz (alternativ Kiefern- oder Lärchenharz)
- 125 g Olivenöl
- 15 g Bienenwachs

Besonderes Werkzeug
- alter Topf
- feines Sieb
- Cremedosen

Zeitbedarf
- 1 Stunde

So geht's

1. Ernten Sie am besten schon etwas älteres Harz, es ist nicht mehr feucht und klebt nur noch wenig [→a].
2. Das Harz zusammen mit dem Olivenöl in einem alten Topf bei ganz milder Hitze erwärmen und etwa 30 Minuten leicht sieden lassen.
3. Den Topf vom Herd nehmen. Bienenwachs in das warme Harzöl geben und darin schmelzen lassen. Gut verrühren und etwas abkühlen lassen.
4. Das Öl durch ein feines Sieb in die Cremedosen gießen und den Balsam in der offenen Dose abkühlen lassen. [→b]

DAS TUT GUT Bei Husten und Erkältung reiben Sie Brust und Rücken mit ein wenig dieser duftenden Salbe ein. Das tut gut, befreit die Atemwege und löst den Schleim.

KAMINANZÜNDER *aus Kiefernzapfen*

GANZ OHNE UNGESUNDE CHEMIE HELFEN DIESE PRÄPARIERTEN ZAPFEN, DEN KAMIN ODER GRILL ZU ENTZÜNDEN. UND HÜBSCH SIND SIE AUCH!

Zutaten für 10 Stück

- 250 g Bienenwachs
- 10 Kiefernzapfen
- Baumwollgarn
- neutrales Öl

Besonderes Werkzeug

- 2 alte Töpfe
- 10 kleine Schalen oder Tassen

Zeitbedarf

- 1 Stunde

So geht's

1. Das Bienenwachs über dem Wasserbad vorsichtig schmelzen. Bitte beachten Sie dabei die Sicherheitshinweise von S. 102/103.
2. Währenddessen die Baumwollschnur mehrmals um den unteren Teil des Zapfens wickeln, dabei etwa 10 cm Band am Ende überstehen lassen **[→a]**.
3. Die Schalen mit neutralem Öl gut einfetten. Gießen Sie dann das geschmolzene Wachs etwa 2 cm hoch in jedes Schälchen. Je ein Kiefernzapfen wird dann in das heiße Wachs gesetzt, das lange Fadenende dabei über den Schalenrand legen **[→b]**.
4. Wenn Sie einen winterlich „beschneiten" Zapfen herstellen möchten, können Sie das Wachs auch an einigen Stellen über den Zapfen gießen.
5. Wenn das Wachs erkaltet ist, können Sie die Zapfen aus der Gießform lösen. Dabei die Zapfen leicht drehen.
6. Das Fadenende auf etwa 1 – 2 cm kürzen. Die Kaminanzünder werden dann bei Gebrauch an diesem Band entzündet.

Zum Verschenken und Aufbewahren setzt man die Anzünder in eine Pappschachtel, die man auch noch schön verzieren kann.

SO GEMÜTLICH **Was gibt es Schöneres, als an einem kalten Wintertag am Kaminfeuer zu sitzen. Mit den selbst gemachten Kaminanzündern fängt das Holz schnell Feuer und sie verbreiten außerdem ein heimeliges Knistern.**

[a]

[b]

SO *gelingt's* SICHER

[b] WÄHLEN SIE SCHÄLCHEN, in die die Zapfen gut hineinpassen. Der Boden sollte nicht zu weit sein, weil dort später der Wachssockel hineingegossen wird.

SO *gelingt's* SICHER

[a] ZUSAMMENBAUEN Damit der Kranz sich beim Zusammenbau nicht verdreht, sollten sowohl die kurzen Seiten als auch die langen Seiten der Schrägen beim Zusammenbau aneinander anschließen. Die längere Seite der Stücke zeigt nach außen, die kurze nach innen.

[a]

BIRKENKRANZ
aus dicken Ästen

DIESER RUSTIKALE KRANZ AUS ÄSTEN KANN JE NACH SAISON UNTERSCHIEDLICH DEKORIERT WERDEN, ABER AUCH SOLO MACHT ER EINE GUTE FIGUR.

Zutaten für einen Kranz

1–2 m	Birkenast (ø ca. 3–4 cm)
ca. 8–15	dünne Holzschrauben

Besonderes Werkzeug
- Akku-Schrauber
- Holzsäge
- evtl. Leim

Zeitbedarf
- 45 Minuten

So geht's

1. Zuerst werden die einzelnen Segmente des späteren Kranzes aus dem Birkenast gesägt. Die Stücke werden auf etwa 12–17 cm Länge gesägt und an den Enden um etwa 15–20 Grad abgeschrägt. Je nach Länge der Segmente brauchen Sie etwa 7–10 Stücke für den Kranz.
2. Legen Sie die Segmente zu einem Kreis zusammen **[→a]**. Beginnen Sie mit zwei Segmenten, die Sie aneinanderlegen und mit den Holzschrauben so unauffällig wie möglich verschrauben. So werden nun die einzelnen Segmente eins nach dem anderen an den immer runder werdenden Kranz geschraubt, bis der Kreis geschlossen ist.
3. Je nach Dicke der Birkenäste kann der Kranz in der Größe frei variiert und sogar richtig groß werden. Bei dickeren Ästen brauchen Sie natürlich auch dickere und längere Schrauben.
4. Dekorieren Sie den Kranz mit Naturmaterialien Ihrer Wahl. Wir haben Moos mit Papierband am Kranz festgebunden und mit Kerzen und kleinen Zapfen dekoriert. Falls Sie ebenfalls mit Kerzen dekorieren, die Kerzen niemals unbeaufsichtigt brennen lassen.

GUT VORBEREITET **Hilfreich ist es, schon vor dem Sägen eine Zeichnung mit Maßen und Winkeln anzufertigen, dann kann nichts schiefgehen.**

MOOSKRÄNZE *für den Advent*

DIESE VIER KLEINEN MOOSKRÄNZE SIND EINE HÜBSCHE VARIANTE FÜR DIE ALLJÄHRLICHE ADVENTS-DEKORATION.

Zutaten für 4 kleine Kränze

- Moos
- 4 Kranzrohlinge (8 cm)
- dünner Bindedraht
- 4 Stumpenkerzen (8 cm)

Besonderes Werkzeug
- Seitenschneider

Zeitbedarf
- 1 Stunde

So geht's

1. Das frisch gesammelte Moos auf einer Unterlage, am besten draußen im Freien, ausbreiten und 1–2 Stunden warten **[→a]**. Legen Sie den Bindedraht in einer Schlinge um den ersten Kranzrohling und verknoten Sie das Ende mit dem Draht.
2. Legen Sie das erste Stück Moos um den Kranz und wickeln Sie den Draht um das Grün. Der dünne Draht verschwindet im Moos und ist nahezu unsichtbar.
3. Legen Sie nach und nach ein Moosstück leicht überlappend auf das vorherige und fixieren Sie es mit dem Draht, den Sie immer weiter um den Kranz mit dem Moos wickeln.
4. So geht es weiter, bis der komplette Kranzrohling umwickelt ist. Das Ende wird dann leicht versteckt verknotet. So werden alle vier Kränze umwickelt. Stellen Sie die Kerzen in die Kränze.

NOCH MEHR DEKO **Die Mooskränze können Sie mit weiteren Naturmaterialien dekorieren. Schön sehen vor allem kleine, rote Beeren wie vom Weißdorn oder Hagebuttenfrüchte aus. Auch leere Samenhüllen der Buche oder Lärchenzapfen passen gut dazu.**

SO *gelingt's* SICHER

[a] IM MOOS leben viele kleine Tierchen. Geben Sie ihnen die Gelegenheit auszuwandern, und legen Sie das Moos für einige Zeit nach draußen in den Garten oder auf die Fensterbank, bevor es verarbeitet wird. So können die Tierchen flüchten und Sie haben sie dann auch später nicht in der Wohnung.

[a]

[a]

[b]

[c]

SO *gelingt's* SICHER

[a] FUTTERMISCHUNG ZUGEBEN Geben Sie die Kern-Frucht-Mischung erst dann zum Fett, wenn es ganz geschmolzen ist. So lassen sich Fett und Futter besser und gleichmäßiger miteinander mischen.

[b] ZAPFEN FÜLLEN Die Kerne und Fruchtstücke mit den Fingern richtig fest in die Zwischenräume drücken. Tragen Sie dabei Handschuhe, das Fett lässt sich nur mühsam wieder von den Händen waschen.

[c] AUFHÄNGEN Hängen Sie die Zapfen an einem schattigen Platz auf. In der Sonne kann das Fett auch an kalten Tagen schnell schmelzen und das Futter fällt heraus.

FUTTERZAPFEN *für Wildvögel*

DIESES KLASSISCHE WINTERGESCHENK IST EINE NETTE BASTELEI, BEI DER AUCH KLEINERE KINDER SCHON GANZ PRIMA MITHELFEN KÖNNEN.

Zutaten für 8 Stück

- 100 g gemischte getrocknete Wildfrüchte wie Brombeeren, Hagebutte, Wildapfel, Eberesche, Bucheckern, Maroni, Nüsse
- 250 g Kokosfett
- Hanfkordel
- 8 offene Kiefernzapfen (ø 5 – 10 cm)

Besonderes Werkzeug

- Kochtopf
- Zeitungen zum Unterlegen
- Gummihandschuhe
- Schere

Zeitbedarf

- 1 Stunde

So geht's

1. Die Wildfrüchte je nach Größe zerkleinern. Große Nüsse und Früchte kleinschneiden oder hacken, kleine Beeren und Bucheckern können bleiben, wie sie sind. Die Wildfrüchte gut miteinander mischen.
2. Das Kokosfett bei mittlerer Hitze auf dem Herd langsam schmelzen. Die Wildfruchtmischung in das flüssige Fett geben **[→a]** und gut vermengen. Den Topf vom Herd nehmen und etwas abkühlen lassen.
3. Die Hanfkordel für die Aufhängung am spitzen Ende des Zapfens gut festknoten.
4. Solange das Fett noch flüssig ist, Kerne, Fruchtstücke und Nüsse mit den Händen in die Zwischenräume der Zapfen drücken **[→b]**. Die Zapfen beiseitelegen und abkühlen lassen.
5. Wenn das Fett langsam wieder fest wird und leicht milchig aussieht, den Rest mit einem Löffel über die Zapfen verteilen. Sobald der erste Schnee liegt, im Garten aufhängen **[→c]**.

VÖGEL BEOBACHTEN **Wenn Sie die Zapfen an einer Stelle im Garten aufhängen, die Sie gut beobachten können, macht es besonders viel Spaß zu sehen, wie geschickt sich die Vögel das Futter holen. Vielleicht haben Sie sogar ein Vogelbestimmungsbuch und finden heraus, wer alles als Wintergast in Ihren Garten kommt.**

ADVENTSKALENDER *mit Wald-Fundstücken*

DIE SCHÖNEN KLEINIGKEITEN, DIE ÜBER DAS GESAMTE JAHR IN DER NATUR GESAMMELT WURDEN, ERFREUEN UNS AUCH ÜBER DEN ADVENT HINAUS.

Zutaten für 1 Kalender

- 24 Papiertüten aus Pack- oder Butterbrotpapier
- Stempel und Stempelfarbe oder Klebezahlen oder schöne Stifte
- 24 Naturfundstücke z. B. Fossilien, Muscheln, Äste, Steine, Flechten, Samen etc.
- Seidenpapier
- 24 Holz-Wäscheklammern
- 1 Kordel

Besonderes Werkzeug

- 1 Schachtel
- Geschenkband

Zeitbedarf

- 1 Stunde

So geht's

1. Zuerst werden die Papiertüten mit den Zahlen 1 – 24 beschriftet. Je nach Wunsch und Möglichkeiten wird gestempelt, geklebt oder einfach nur geschrieben.
2. Die Naturfundstücke einzeln in Seidenpapier einwickeln und auf die 24 Geschenktütchen verteilen. Die Tüten an der offenen Seite umschlagen und mit den Wäscheklammern verschließen.
3. Die gefüllten Tüten in die Schachtel packen und die Kordel [→a] dazu legen. Den Karton mit einem schönen Geschenkband verschließen.

FUNDSTÜCKE DEKORIEREN **Die schönen Kleinigkeiten aus dem Adventskalender können Sie zusammen auf einer flachen Schale, in einem kleinen Korb oder auch auf einem Stück Baumrinde hübsch dekorieren. So bleibt die Freude über den Advent hinaus erhalten.**

SO gelingt's SICHER

[a] DIE KORDEL dient als Aufhängung für die Geschenktütchen. Sie wird quer durch den Raum gespannt und die Geschenktüten werden mit den Wäscheklammern daran fixiert.

[a]

SO *gelingt's* SICHER

[a] TRADITIONELL werden Kirschzweige als Barbara-Zweige geschnitten, es funktioniert aber auch mit Wildapfel, Schlehe und Kornelkirsche oder Baumobst-Zweigen aus dem Garten.

[b] PÜNKTLICH SCHNEIDEN
Auch wenn die Zweige erst einige Tage später verschenkt werden sollen, schneiden Sie diese unbedingt am 4. Dezember und stellen Sie die Zweige bis zum Verschenken in eine Vase mit frischem Wasser in Ihre Wohnung, sonst klappt es nicht pünktlich mit den Blüten an Weihnachten.

BARBARA-ZWEIGE
aus Vogelkirsche

KEIN ANDERES GESCHENK IST SO EINFACH ZU MACHEN WIE DIESES – UND DOCH BEEINDRUCKT ES IMMER WIEDER AUFS NEUE. EINFACH IST EBEN EINFACH SCHÖN!

Zutaten

einige Zweige Vogelkirsche

Besonderes Werkzeug
- Gartenschere

Zeitbedarf
- 5 Minuten

So geht's

1. Am 4. Dezember ist Barbaratag. An diesem Tag werden die Barbara-Zweige geschnitten [→a und b]. Die Zweige über Nacht in lauwarmes Wasser legen und am nächsten Morgen in eine Vase mit frischem Wasser stellen. Das Wasser bis Weihnachten regelmäßig auswechseln und darauf achten, dass immer ausreichend vorhanden ist.
2. Die Zweige sollen zwar in der warmen Wohnung, aber nicht zu warm, z. B. nicht in Heizungs- oder Ofennähe, stehen. Dort können sie eintrocknen, wenn es ihnen zu warm wird.
3. Am 24. Dezember werden sich die Blütenknospen öffnen.

GUTE WASSERVERSORGUNG Schneiden Sie die Zweige ganz frisch an, bevor Sie sie in die Vase stellen. Am besten ist ein langer, schräger Schnitt mit einem scharfen Messer. So können die Zweige das Wasser gut aufnehmen.

MISTELZWEIGE
bringen Glück

„KISS ME UNDER THE MISTLETOE" – DAS LASSEN WIR UNS NICHT ZWEIMAL SAGEN UND FREUEN UNS ÜBER DIESEN KONTAKTFÖRDERNDEN GLÜCKSBRINGER.

Zutaten

- Mistelzweige
- schönes Band

Zeitbedarf

- 1 langer Spaziergang

So geht's

1. Entgegen der weit verbreiteten Meinung, dass die Mistel unter Naturschutz steht, dürfen Misteln für private Zwecke gepflückt bzw. gesammelt werden. Der Wirtsbaum darf dabei jedoch nicht beschädigt werden!
2. Da die Misteln meistens hoch oben in den Bäumen wachsen ist es jedoch ratsam, nur heruntergefallene Mistelzweige zu sammeln und oben im Baum nicht zu ernten. Nach einem kräftigen Wintersturm können Sie bei einem ausgedehnten Winterspaziergang oft abgebrochene Äste mit Misteln finden. Dann greifen Sie zu!
3. Binden Sie die Mistelzweige mit einem schönen Band mit Knoten und Schleife fest zusammen [→a]. Nun können Sie den Mistelzweig an den Türrahmen hängen oder verschenken.
4. In England und den USA gehört dieser Brauch schon immer zum Weihnachtsfest dazu, seit einigen Jahren dekorieren aber auch hier immer mehr Familien ihr weihnachtliches Zuhause mit Misteln. Der Sage nach wird ein Paar, das sich unter dem Mistelzweig küsst, im folgenden Jahr heiraten.

MISTELN SÄEN Nehmen Sie einige der Beeren und quetschen Sie diese mit den Fingern im Garten fest auf die Rinde eines Laubbaumes. Mit etwas Glück kann man ein Jahr später im Frühling einen kleinen Keimling mit zwei Blättern am Baum entdecken. Misteln wachsen jedoch sehr langsam. Erst nach fünf Jahren blühen sie zum ersten Mal.

SO *gelingt's* SICHER

[a] KNOTEN NACHZIEHEN Mit der Zeit schrumpfen die Mistelzweige etwas und sitzen dann vielleicht locker im Band. Ziehen Sie Knoten und Schleife noch einmal nach, damit nichts herausrutscht.

[a]

SO *gelingt's* SICHER

[a] DRAHT BEFESTIGEN Drehen Sie die verzwirbelten Drahtenden oben an der Nuss in das Bohrloch. Wie bei einem Gewinde hält die Schlaufe dann meist schon von alleine.

[a]

NUSSANHÄNGER
für den Weihnachtsbaum

DIE SCHÖNHEIT DER NATUR SCHMÜCKT DEN WEIHNACHTSBAUM AUF BESONDERE WEISE. WER BRAUCHT DA NOCH CHRISTBAUMKUGELN?

Zutaten für 25 Stück

- Blumendraht, silberfarben
- 25 Walnüsse
- evtl. Holzleim
- Schleifenband oder dicke Wolle

Besonderes Werkzeug
- Zange
- 1 dickere Nadel oder dünner Nagel

Zeitbedarf
- 40 Minuten

So geht's

1. Von dem Blumendraht 25 Stücke von jeweils ca. 7 cm Länge abzwicken. Die Drahtstücke zu einer Schlaufe biegen und die Enden mit Hilfe der Zange fest verzwirbeln.
2. In jede Walnuss mit der Nadel oder dem Nagel oben an der Naht ein kleines Loch bohren. Pro Nuss eine Drahtschlaufe in das Bohrloch drehen **[→a]** und falls nötig mit einem Tropfen Leim versiegeln.
3. Zum Aufhängen von dem Schleifenband oder der Wolle etwa 20 – 25 cm lange Stücke abschneiden, durch die Drahtschlaufe ziehen und verknoten.

VIELSEITIG EINSETZBAR **Nicht nur am Weihnachtsbaum machen sich die Nussanhänger gut. Sie können damit auch den Adventskranz schmücken, sie in Gruppen ins Fenster hängen oder als Geschenkanhänger verwenden.**

WALDSCHMUCK
aus Kernen und Früchten

EINE PERLENKETTE AUS DER NATUR – AUS SAMEN, FRÜCHTEN, ÄSTCHEN UND ZAPFEN. DAS AUFFÄDELN MACHT AUCH KINDERN VIEL SPASS.

Zutaten

- verschiedene Kerne und Früchte:
- Wildapfelkerne
- Bucheckern / Hüllen
- Erlenzapfen
- Lärchenzapfen
- Hagebutten
- Eicheln
- kleine Ästchen

Besonderes Werkzeug

- Zwirn
- spitze Nadel
- evtl. dünner Draht
- Fingerhut

Zeitbedarf

- nach Bedarf

So geht's

1. Zuerst wird ausgiebig gesammelt. Machen Sie einen schönen Waldspaziergang und lassen Sie sich von den Fundstücken draußen inspirieren. Nüsse und große Samen, Früchte, trockene Beeren und kleine Zapfen, betrachten Sie die Natur mit anderen Augen: Was kann als Naturperle verwendet werden?
2. Mit Nadel und Faden wird nun gefädelt. Wenn die Kerne oder Früchte schwer zu durchbohren sind, ist der Fingerhut ein gutes Hilfsmittel. Je jünger die Früchte, desto weicher sind auch die Kerne, und umso leichter geht es.
3. Gefädelt wird, wie und was gefällt. Die fertigen Ketten können anschließend als Schmuck getragen oder auch als Tischdeko verwendet werden.

WILDAPFELKERNE sollten Sie schon einige Zeit vorher sammeln, zum Beispiel nach dem Zubereiten von Wildapfelmus. Die Kerne trocknen und bis zur Verwendung aufheben.

GLÜHWEINSIRUP
mit Holundersaft

HOLUNDERSAFT STÄRKT DIE ABWEHRKRÄFTE UND WÄRMT IN DIESEM SIRUP NACH EINEM AUSGEDEHNTEN WINTERSPAZIERGANG SO ANGENEHM VON INNEN.

Zutaten für 250 ml

- 500 ml Holundersaft
- 1 Bio-Zitrone
- 2 Bio-Orangen
- ¼ Stange Zimt
- 3 Gewürznelken
- 3 Kardamomkapseln
- 1 Vanilleschote
- 250 g Krümelkandis

Besonderes Werkzeug

- Flasche mit weitem Hals

Zeitbedarf

- 45 Minuten

So geht's

1. Der Holunder für den Saft wird im Spätsommer / Herbst gesammelt. Entweder werden die Beeren bis zum Winter eingefroren oder sofort im Dampfentsafter entsaftet und bis zur weiteren Verwendung aufbewahrt.
2. Zitrone und Orangen heiß abwaschen. Die Zitrone mit der Schale in Scheiben schneiden. Die Schale von einer Orange sehr dünn spiralförmig abschälen, beide Orangen auspressen. Die Vanilleschote längs halbieren und das Vanillemark mit dem Messerrücken auskratzen.
3. Den Holundersaft in einen breiten Topf geben, die Gewürze, Vanilleschote und Vanillemark, Zitronenscheiben, Orangensaft und den Kandiszucker zum Saft geben.
4. Den Saft mit den Gewürzen sanft erhitzen und 10 Minuten leicht köcheln lassen. Der Saft soll dabei nicht sprudelnd kochen, sonst wird die Zitronenschale schnell bitter.
5. Die Zitronenscheiben entfernen und den Holundersaft bei starker Hitze sirupartig einkochen, dabei immer wieder rühren.
6. Den Sirup durch ein feines Sieb gießen und zurück in den Topf geben. Die Orangenschale in den heißen Sirup geben und bei milder Hitze alles zusammen ca. 3 Minuten erwärmen, aber nicht mehr sprudelnd kochen lassen, die Orangenschale wird sonst bitter.
7. Sirup mit Orangenschale noch heiß in eine Flasche mit weitem Hals abfüllen und sofort verschließen.

VERWENDUNG Der Glühweinsirup kann mit Mineralwasser oder Sekt aufgegossen werden. Oder Sie mischen ihn mit heißem Apfelsaft oder Wein oder übergießen damit leckere Bratäpfel.

MEINE BUCHTIPPS *für Naturfreunde*

NATURFÜHRER

Wer wie ich gerne in der Natur unterwegs ist und dabei das eine oder anderen zum Basteln oder Verzehren mit nach Hause nehmen will, der sollte sich schon ein bisschen auskennen. Diese Bücher helfen mir dabei, Pflanzen, Pilze und Früchte richtig zu bestimmen:

Aichele/Spohn: **Was blüht denn da?** Der Fotoband. Sicher nach Farbe bestimmen. 448 Seiten, Kosmos 2010.

Beiser: **Essbare Wildkräuter und Wildbeeren für unterwegs**. 140 Arten mit über 300 Abbildungen. 176 Seiten, Kosmos 2012

Haag: **Wildbeeren und Nüsse sammeln und genießen.** 64 Seiten, Kosmos 2012.

Laux/Pätzold: **1mal1 des Pilzesammelns.** 320 Seiten, Kosmos 2009.

Mayer: **Welcher Baum ist das?** 170 Bäume einfach bestimmen. 128 Seiten, Kosmos 2009

NATUR ERLEBEN

Die Natur ist für mich ein ganz besonderer Ort, an dem ich sowohl Entspannung als auch Anregung finde. Man kann so viel erleben, wenn man nur genau hinsieht. Um noch mehr zu entdecken, lasse ich mich gerne von diesen Büchern leiten:

Oftring: **Naturlust. Draußen mehr erleben!** Das Jahreszeitenbuch für die ganze Familie. 144 Seiten, Kosmos 2012

Oftring: **Nix wie raus!** 111mal Natur entdecken und erleben. 96 Seiten, Kosmos 2010

Oftring: **Ab in den Wald!** 88 mal den Wald entdecken und erleben. 96 Seiten, Kosmos 2011

Richarz: **Natur erleben rund ums Haus.** 160 Seiten, Kosmos 2013 (siehe auch S. 142/143)

SCHENKEN UND GENIESSEN

Die Natur inspiriert mich immer wieder neu und ich probiere gerne aus. Vom kleinen Geschenke über verführerische Wohlfühl-Produkte bis hin zu kulinarischen Überraschungen find ich hier viele Anregungen, die sich ganz einfach umsetzen lassen:

Beiser: **Tee aus Kräutern und Früchten**. Sammeln, zubereiten, genießen. 176 Seiten, Kosmos 2012

Hess: **Pilze und Waldbeeren.** Regionaler Genuss – die gute Wahl. 144 Seiten, Kosmos 2011

Hess: **Garten und Wildkräuter.** Regionaler Genuss – die gute Wahl. 144 Seiten, Kosmos 2011

Krasemann: **Geschenke aus meinem Garten.** 144 Seiten, Kosmos 2012

Rogge: **Herbst- und Wintergemüse.** Wohlfühlrezepte für kalte Tage. 144 Seiten, Kosmos 2012

Stroner: **Geschenke aus der Sommerküche.** 128 Seiten, Kosmos 2010

ADRESSEN
und Bezugsquellen

BESONDERE MATERIALIEN

Schöne Behältnisse für Likör, Gelee oder Balsam

Großhandel für Flaschen, Gläser und Konservendosen e. K.
Hartmut Bauer
Bauhofring 25
71732 Tamm
Telefon: 07141/6436925
E-Mail: info@flaschenbauer.de
www.flaschenbauer.de/

Rechen für Miniatur-Zen-Garten

Kreativ- und Künstlerbedarf Eckstein
eckstein-kreativ.de Division
Schwabacher Straße 48
90762 Fürth
Telefon: 0911/97746714
E-Mail: service@eckstein-kreativ.de
www.eckstein-kreativ.de

Pürierstab und Trockenrahmen

Cucinaria – Der Küchentempel
Straßenbahnring 12
20251 Hamburg
Telefon: 040/80609990
E-Mail: info@cucinaria.de
www.cucinaria.de/

Papierschöpfset und Textilfarben

KUNSTPARK
Melanie Schmeiduch
Herner Straße 14
44787 Bochum
Telefon: 0234/9159210
E-Mail: info@kunstpark-shop.de
www.kunstpark-shop.de

Bastel- und Sammelwerkzeuge

Feine Werkzeuge
Dieter Schmid Werkzeuge GmbH
Wilhelm-von-Siemens-Straße 23
12277 Berlin
www.feinewerkzeuge.de

Bienenwachs, Kakaobutter und Natriumhydroxid

behawe
Frau Dr. Birgit Henrichfreise
Zum Sporkfeld 48
33397 Rietberg
www.behawe.com

Ätherische Öle

PRIMAVERA LIFE GmbH
Herstellung und Vertrieb von ätherischen Ölen, Naturkosmetik und Wohlfühlprodukten
Naturparadies 1
87466 Oy-Mittelberg
www.primaveralife.com/de/

NATURSCHUTZ

Die Geschenke aus der Natur sollen im Einklang mit der Natur entstehen. Nehmen Sie beim Sammeln und Pflücken Rücksicht auf die Natur bzw. die Pflanzenbestände. Ernten Sie Wildpflanzen wirklich nur für den Eigenverbrauch und sammeln Sie einen Standort nie komplett ab. In Naturschutzgebieten ist es gänzlich verboten, Pflanzen mitzunehmen, und man sollte das zum Schutz der Natur auch wirklich respektieren.

Naturschutzbund Deutschland (NABU) e. V.
www.NABU.de

Jugendorganisation des Naturschutzbundes Deutschland e. V.
www.naju.de

Bund für Umwelt und Naturschutz Deutschland
www.bund.net/

Landesbund für Vogelschutz in Bayern (LBV) e. V.
www.lbv.de

REGISTER
alphabethisch

A

B

E

F

G

H

I/J

K

REGISTER
thematisch

KULINARISCHES

DEKORATIVES

ZUM WOHLFÜHLEN

NABU/E. Neuling